国家社会科学基金重大项目《制度变迁视角下的中国二元经济转型研究》
阶段性研究成果（批准号：11&ZD146）

中国农民工社会保障制度研究

Research on China Peasant Migrant Workers
Social Security System

张太宇　著

中国财经出版传媒集团
中国财政经济出版社

图书在版编目（CIP）数据

中国农民工社会保障制度研究/张太宇著.—北京：中国财政经济出版社，2019.7

ISBN 978-7-5095-9061-4

Ⅰ.①中… Ⅱ.①张… Ⅲ.①民工-社会保障-研究-中国 Ⅳ.①F323.89

中国版本图书馆 CIP 数据核字（2019）第 122535 号

责任编辑：田明晖　　　　　　　责任校对：张　凡
封面设计：孙俪铭

中国财政经济出版社 出版

URL：http://www.cfeph.cn
E-mail：cfeph@cfeph.cn

（版权所有　翻印必究）

社址：北京市海淀区阜成路甲28号　邮政编码：100142
营销中心电话：88190406
北京财经印刷厂印刷　各地新华书店经销
787×1092 毫米　16 开　11.75 印张　200 000 字
2019 年 9 月第 1 版　2019 年 9 月北京第 1 次印刷
定价：50.00 元
ISBN 978-7-5095-9061-4
（图书出现印装问题，本社负责调换）
本社质量投诉电话：010-88190744
打击盗版举报热线：010-88191661　QQ：2242791300

摘　　要

　　人口的合理流动，农村剩余劳动力向非农产业的转移，农村人口的城镇化，是中国跨世纪的伟大而艰巨的社会工程。中国作为一个发展中大国，二元经济结构是国民经济结构的基本特征。中国要由二元经济转变为现代经济，要由落后的农业国发展成为现代化和工业化的国家，关键在于农业劳动力的非农化与城镇化。由此可见，在实现二元经济成功向现代化的一元经济转变这一伟大的进程中，农民工这一群体的社会保障问题是不可回避的，换句话说，农民工社会保障问题是否能够有效解决将直接影响城镇化、工业化和二元经济结构转换的绩效和进程。然而，作为城市"边缘人"的农民工群体，他们享受的社会保障程度很低。农民工的社会保障问题实际上是在农村富余劳动力向城市转移过程中，如何实现从传统的土地保障向现代化社会保障制度转换的问题。这个问题解决得好，会大大促进农民向城市的转移，加快城市化、工业化的进程，推动中国社会从城乡分割走向城乡协调发展。由此可见，为农民工提供适度的社会保障，既是这个特殊群体的力量发展到一定程度的必然要求，也是经济发展到一定阶段的必然结果，更是有效解决"三农"问题、实现小康社会与和谐社会目标的必然选择。因此，研究农民工的社会保障问题既具有重要的现实意义，更具有重要的战略意义。

　　推进农村剩余劳动力合理有序转移，可以为我国的工业化升级提供人力资源支持；伴随农村剩余劳动力的转移，更多的农民转变为市民，推动了城市化进程；劳动力转移到劳动生产率较高的部门，增加了收入，有利于减小城乡收入差距和推进城乡一体化。反之，农村剩余劳动力转移问题如果解决不好，工业化、城市化、城乡一体化等方面的工作也很难有实质性的突破。因此，农民工社会保障制度的完善有助于提升城市拉力，有助于分散和化解工业化、城市化给农民工群体所带来的经济社会风险，也有助于从根本上解决农民工非永久性乡城迁移问题。由此可见，农民工社会保障问题是我国城乡一体化建设进程中需要给予更多关注和有效加以解决的关键性问题之一。

当前，适合农民工就业特点和实际需求的社会保障制度依然缺位，而且，由于二元福利体制的固有局限性，农民工养老保障、医疗卫生保障、工伤保障、失业保障、子女教育及住房等公共福利政策方面仍存在一些不合理的制度安排，社会保障公共服务非均等化问题十分突出，从而使进城农民工只能作为城市的临时暂住人口，不能享受与城镇居民平等的权利，农民工市民化进程受到阻碍。具体表现在：（1）子女入学难问题依然严峻，公办学校仍然存在不同程度的入学门槛。（2）公共卫生服务覆盖率不高，作为职业病、流行性疾病发病率普遍较高的群体，农民工就医难问题堪忧。（3）尚未将农民工群体普遍纳入城镇住房保障体系，房屋租赁市场仍不健全。（4）现行的社会保险制度还不适应非正规就业农民工的特点，导致农民工参保率普遍偏低。就业状态不稳定导致参保困难，农民工工作流动性强，降低了用人单位和农民工的参保积极性，而现有社会保障信息系统不能适应劳动力市场就业灵活性，增加了管理难度。（5）其择业单位多为民营企业和个体工商企业等劳动密集型行业，这些企业产品附加值不高，产出效益低，如果按照城镇企业社会保险办法为其缴纳保费，相当一部分企业无力承担，缴纳积极性不高。（6）社会保障制度门槛高，转移难。现有新农保、城镇居民养老保险、城镇职工养老保险之间和新农合、城镇居民医疗保险、城镇职工医疗保险之间关系衔接难、接续难，导致农民工流动时反复参保、退保，而难以受惠，农民工社会保障权益受到损害。围绕上述问题，本书试图对农民工社会保障现存问题的制度性、深层次原因进行分析，探讨解决我国农民工社会保障制度所存在问题的对策措施。

本书主要内容包括以下四个部分：

第一部分为理论基础。首先，本书系统梳理与客观评价了国内外学者对农民工社会保障的相关研究成果。其次，对本书的理论基础进行了概括性阐述，涉及社会支持理论、工资变动的劳动力市场效应理论和制度关联理论，从而为本书的后续研究提供了理论依据。

第二部分为农民工社会保障制度存在的必要性分析。首先，以社会支持理论为指导，从微观角度对农民工乡城迁移过程中所面临的经济社会风险进行了剖析和归纳，将农民工就业特征和所面临的经济社会风险有机结合在一起，经过研究发现：相对于所有雇佣劳动者而言，农民工更需要完善的社会保障制度是去分散和化解城市化进程中的收入风险、失业风险、职业安全风险、公共卫生风险、居住风险和教育风险等。其次，主要从理论层面分析了农民工社会保障的劳动力市场效应，经过系统的理论分析和论证，得出的结论是：从长期看农民工适度社会保障有利于扩大劳动力需求，有利于提高劳动力供给质量。

第三部分为中国农民工社会保障制度的现状、问题和问题成因的制度关联分析。这部分是本书的核心，也是本书的重点。首先，在对农民工社会保障制度建设的总体情况、实施特点进行研究的基础上，重点剖析了我国农民工社会保障制度存在的主要问题——保障覆盖面窄、保障水平低、各项制度间衔接性差、主要保障项目缺失、一些保障制度安排激励效应差等；其次，以制度经济学中的制度关联理论为指导，从制度关联视角对引致农民工社会保障问题出现的成因进行了剖析，创新了研究视角，有别于其他学者关于农民工社会保障的理论研究。

第四部分为对策建议。这是本书的研究目的和落脚点。在上述理论研究、问题与原因分析的基础上，探讨了解决我国农民工社会保障制度现存问题的对策措施，即：深化二元体制改革，加强相关制度安排的协调性；有效解决保障供给单一化与保障需求多样性的矛盾，健全适应农民工就业特点的社会保障运行机制；加强人力资本投资，提升农民工群体参保能力。

关键词：社会保障　农民工　劳动力市场效应　制度关联分析

ABSTRACT

As the rational flow of the population, surplus rural labor force is transferred to non-agricultural industries, and then rural population becoming urbanization which can be treated as a cross-century arduous social economy project of China. As a developing country, using dual-system is the essential feature of Chinese economic structure. If China wants to transform dual economic structure into modern economy, as well as transform backward agricultural country into Modern industrialized countries, the key point will be the non-agriculturization and urbanization of the agricultural labor force. As can be seen, during the processing of succeed realize transform the dual economy structure into the modern economy structure, peasant Migrant Workers' social security problem is inevitable. In another words, whether peasant Migrant Workers' social security problem can be solved will affect the performance and process of the urbanization、industrialization and dual economic structure transition as well. However, the group of peasant migrant workers, as the urban "marginal person", which are suffering lower level social security. Actually, the Peasant migrant workers' social security problem is the fact how to realize transforming traditional land security into social security system when transforming the surplus rural labor into urban. If this problem can be solved effectively, the benefits are many, such as, largely promoting transforming of the peasant into urban, speeding up the process of urbanization and industrialization, promoting the development of Chinese society from division of urban and rural stage to urban-rural coordination stage. Obviously, providing moderate social security to peasant Migrant Workers is not only because of the developing of the group, but also a necessary result of national economic development. More than that, it will be an effective way to find a solution of the "Agriculture, rural areas and farmers" issue. Also, it will be a inevitable choice to realize well – off and harmonious society's target. Consequently, to do research on peasant migrant workers social security problem has important practical significance, even more the important strategic significance.

Promoting rational transfer of surplus rural labor force can provide human recourses supporting for national industry updating. Company with transferring surplus rural labor force, more and more peasant becoming citizen, it largely promotedthe urbanization process; labor force transfer to upper labor productivity department, increasing revenue in favor of decreasing urban – rural income gap, and then promoting the city and countryside integration. Otherwise, if the rural surplus labor migration transferring problem can not be solved, the works, such as Industrialization, urbanization, urban – rural integration, can not have a substantial breakthrough. Therefore, the benefits of perfection of Peasants Migrants Workers' social security system are many, such as increasing city auto, easing the industrialization, the urbanization effectively for migrant workers entailed by the economic and social risks, solving the Peasants Migrants Workers permanent rural – urban migration basically. It is the fact that Peasants Migrants Worker's social security problem can be one of the key problems that should be paid more attention and solved on time in the process of integration of urban and rural construction.

Currently, suitable for migrant workers employment characteristics and actual demand is still lack of social security system. Because of the dual welfare system's inherent limitation, there are still some irrational problems during the public welfare policy, such as, the migrants' old – age insurance system, Medical Security system, unemployment insurance system, Children's Education, lodgings and so on. As the non – equalization of the social security services have been highlighted, it makes the peasants who worked at urban areas only can be the temporary resident population, which can not suffer the equal right with the citizens. The migrants' urbanization processing has been hampered. The performance showed as followed: First, there are still some problems when their children want to enrolled at a public school. Second, the portion of Public health Service is not coverage at a high level. Generally, peasant migrant worker, as a high rate of incidence of a disease group, which including occupational disease and epidemic disease, going to see a doctor can be another trouble issue. Third, the immigrants is still out of housing security system, the housing property leasing is still imperfect. Forth, social security system is still not fit for the feature of informally employed Peasant Migrant Workers. This can lead to a lower rate of joining social insurance of the migrants. Employment is not in a stable situation which largely leads to join insurance difficultly. It decreased the initiative of the employer and the migrants themselves to join the insurance because of the high liquidity of the migrants. However, the social security information system is not flexible enough to be suitable for the labor force market. The difficulty of management enhanced. Fifth, most of the migrants choose the labor – intensive industry, such as private – held enterprise and sole proprietorship enterprise. Such industries own a lower added value, lower output effect as well. If they followed the Town business social insurance principle to charge their insurance fee, quite a lot of enterprise can be hard to suffer. Sixth, social security system has a high enter level and social security relation is hard to transfer. The relationship between new peasant insurance, urban residents' endowment insurance, Town worker endowment insurance and new rural cooperative medical system, the medical insurance for urban residents, urban workers social insurance can be hard to be connected and continued. This fact leads to the peasants join and quit insurance repeatedly and then the migrants will suffer damages and be hard to enjoy the benefits. Surrounding by the problems showed above, this essay trying to discuss the institutional cause of the existing social security problems, the deep reason for the issue of Peasant Migrant Workers' social security. Furthermore, to get more experience of transferring rural population by using the successful reference from typical countries. Finally, to discuss the countermeasure on how to solve the migrant's social security problems.

The main parts of the report shows as followed:

The first part of this article is the theoretical basis elements. Primarily, this essay systematicly introduced and objectively judged the internal and external scholars' co relational research in global content. Subsequently, the theoretical basis of this paper describes a generalized, involving social support theory, theory and system of labor market effects associated with changes in the theory of wages, thus providing a theoretical basis for further study of this paper.

The second part analyzes the necessity of the presence of migrant workers in the social security system. Firstly, this part analyzed and summarizes the economical society risk of the migrants by the micro perspective when they were facing with rural – urban immigrant process. Also, it makes a dynamic integration between the migrants' employment feature and economical society risk. The findings after research are: during the urbanization process, the migrants need a perfect social security to dispersing and neutralizing income risk, unemployment risk, occupational safety risk, public health risks, living risks, education risks and so on. Then summarized the conclusion that afford the moderate social security to the migrant not only can benefit the expanding the demand of labor force, but also increasing supply. This section trying to make a theory exploring by an economic vision, find another way to show the space of theory analyzing, and enriching the research contents as well.

The third part of this article is the institutional association analysis of social security system problems during the current situation, problems and causes of Chinese Peasant Migrant Workers. This part is the core of the paper, but also the focus of the paper. Firstly, based on the research of peasant migrant workers' social security system construction's overall situation, implement features, take more attention on the problems of the new migrants social security system—the narrow coverage security system, the low security level, negative connecting during such systems, major deficiency of security program, some of the security system have less incentive effect and so on. Next, this part guided by the relevant theory of the systemic economy, applied the institutionalized linkage view to analyze the reason of the peasant migrants' social security problem, and then created new point of view, which is different from the other scholars' theory research.

The fourth part of the article is the countermeasure and suggestion. Based on the theory analysis, current status investigating and learning from international experiences showed above, this part is presented as followed: deepening the dual economic reform, promoting the correlative system to make a coordinated reforming, getting a solution of the conflict between singularity of security supplement and diversity of security requirement, fitting the employment character of Peasant Migrant Workers, establishing the perfect social security operating mechanism and enhancing the amount of investment on the migrants' human capital, promoting the insured ability of peasant migrant worker group.

KeyWords: Social security　Peasant Migrant Workers　The Labor market effects　Institutionalized linkage analysis

目　录

第1章　绪论 （1）
  1.1　问题的提出 （1）
  1.2　研究意义 （2）
    1.2.1　理论意义 （2）
    1.2.2　现实意义 （4）
  1.3　研究方法 （7）
    1.3.1　文献查阅法 （7）
    1.3.2　社会调查法 （7）
  1.4　基本结构与主要内容 （8）
  1.5　创新与不足 （10）
    1.5.1　主要创新点 （10）
    1.5.2　不足之处 （11）

第2章　文献综述 （12）
  2.1　国外相关文献综述 （12）
    2.1.1　关于劳动力流动的研究 （12）
    2.1.2　关于城乡社会保障差异的研究 （17）
    2.1.3　凯恩斯有效需求理论的社会保障思想 （18）
    2.1.4　福利经济理论 （19）
    2.1.5　关于和谐劳动关系方面的研究 （20）
    2.1.6　简要评价 （22）
  2.2　国内相关文献综述 （26）
    2.2.1　农民工社会保障现状研究 （26）

2.2.2　农民工社会保障权益缺失的原因 …………………（28）
　　2.2.3　解决农民工社会保障问题的基本思路 ……………（30）
　　2.2.4　基本公共服务均等化研究 …………………………（32）
　　2.2.5　简要评价 ……………………………………………（37）

第3章　理论基础 …………………………………………………（39）
　3.1　社会支持理论 ……………………………………………（39）
　3.2　制度关联理论 ……………………………………………（41）
　　3.2.1　路径依赖与制度变迁的历时关联 …………………（42）
　　3.2.2　关联博弈与社会保障制度演化的共时关联 ………（44）
　3.3　工资变动的劳动力市场效应理论 ………………………（46）
　　3.3.1　工资变动的劳动力市场需求效应理论 ……………（46）
　　3.3.2　工资变动的劳动力市场供给效应理论 ……………（47）
　　3.3.3　效率工资理论 ………………………………………（47）

第4章　农民工社会保障制度必要性分析 ………………………（49）
　4.1　农民工乡城迁移的经济社会风险分析 …………………（49）
　　4.1.1　收入风险 ……………………………………………（50）
　　4.1.2　失业风险 ……………………………………………（54）
　　4.1.3　职业安全风险 ………………………………………（59）
　　4.1.4　公共卫生风险 ………………………………………（62）
　　4.1.5　居住风险 ……………………………………………（64）
　　4.1.6　教育风险 ……………………………………………（67）
　4.2　农民工社会保障劳动力市场效应的理论分析 …………（69）
　　4.2.1　需求效应理论分析 …………………………………（69）
　　4.2.2　供给效应理论分析 …………………………………（76）
　　4.2.3　结论 …………………………………………………（86）

第5章　农民工社会保障制度及其实施情况 ……………………（88）
　5.1　总体情况 …………………………………………………（88）
　5.2　地方模式 …………………………………………………（90）

5.2.1 "城保模式"相关政策与评价 …………………………（90）
5.2.2 "双低模式"相关政策与评价 …………………………（93）
5.2.3 "综保模式"相关政策与评价 …………………………（96）
5.2.4 "农保模式"相关政策与评价 …………………………（103）

第6章 农民工社会保障制度存在的主要问题 ………………（110）
6.1 保障覆盖面窄 …………………………………………………（110）
6.2 保障水平低 ……………………………………………………（111）
6.3 保障体系中的各制度之间衔接性差 …………………………（113）
6.4 主要保障项目缺失 ……………………………………………（114）
6.5 一些保障制度安排不符合农民工就业特点 …………………（117）
6.6 一些保障制度安排激励效应差 ………………………………（119）

第7章 农民工社会保障制度主要问题的制度关联性成因分析 ……（120）
7.1 城乡二元福利体制的历时关联分析 …………………………（120）
　　7.1.1 从初始制度安排角度分析 ………………………（120）
　　7.1.2 从利益集团驱动的角度分析 ……………………（122）
7.2 非正式约束驱动的历时关联分析 ……………………………（125）
7.3 户籍制度的共时关联分析 ……………………………………（127）
7.4 就业制度的共时关联分析 ……………………………………（129）
7.5 公共服务属地化财政投入体制的共时关联分析 ……………（131）
7.6 社会保障资金统筹体制的共时关联分析 ……………………（133）

第8章 对策建议 ……………………………………………………（135）
8.1 深化二元体制改革，促进相关制度安排的协调性 …………（135）
　　8.1.1 构建科学的农民工社会保障财政投入制度 ……（135）
　　8.1.2 消除劳动用工的制度性歧视 ……………………（136）
　　8.1.3 深化城乡二元户籍制度改革 ……………………（137）
　　8.1.4 加强农民工社会保障的法制建设 ………………（138）
8.2 有效解决保障供给单一化与保障需求多样性的矛盾 ………（139）
　　8.2.1 逐步完善社会保险体系 …………………………（139）

8.2.2　建立适合农民工的社会救助制度 …………………（140）
　　　8.2.3　强化农民工住房和子女教育保障机制 ……………（141）
　8.3　健全适应农民工就业特点的社会保障运行机制 …………（142）
　　　8.3.1　完善社会保障信息化管理机制 ……………………（142）
　　　8.3.2　完善社会保障关系的有序转移机制 ………………（144）
　　　8.3.3　完善社会保障的资金筹措机制 ……………………（144）
　8.4　加强人力资本投资，提升农民工群体参保能力 …………（144）
　　　8.4.1　切实保障农民工子女受教育权益的公平实现 ……（144）
　　　8.4.2　重视新生代农民工职业能力建设 …………………（145）
　　　8.4.3　鼓励农民工多渠道创业，提升自身经济地位 ……（148）

附录　我国有关农民工社会保障的政策规定 ………………………（150）

参考文献 ………………………………………………………………（154）

图 表 目 录

图目录

图 1-1　本书研究的技术路线……………………………………（ 9 ）
图 4-1　2012年辽宁地区外出农民工从事工作简况 ……………（ 50 ）
图 4-2　企业社会保障缴费转嫁情况分析…………………………（ 72 ）
图 5-1　上海市外来农民工参加各类社会保险比重………………（ 98 ）
图 6-1　新生代农民工随迁子女在城市上学面临的困难…………（116）
图 8-1　"一卡通"就业和社会保障信息管理系统 ………………（143）

表目录

表 4-1　2012年城镇私营单位分行业就业人员年平均工资 ………（ 53 ）
表 4-2　2012年农民工的文化程度构成 ……………………………（ 55 ）
表 4-3　2012年不同年龄组农民工参加培训情况 …………………（ 56 ）
表 4-4　民营企业的劳动合同期限……………………………………（ 57 ）
表 4-5　民营企业续签劳动合同的比例………………………………（ 58 ）
表 4-6　农民工从事的主要行业分布…………………………………（ 60 ）
表 4-7　行业风险等级和归类情况……………………………………（ 60 ）
表 4-8　北京、上海、深圳住房销售均价……………………………（ 66 ）
表 4-9　北京、上海、深圳房价收入比测算…………………………（ 66 ）
表 4-10　2012年流动人口随迁子女不在学情况 ……………………（ 68 ）
表 5-1　外出农民工参加社会保障的比例……………………………（ 89 ）

表 5-2 2007年北京与深圳农民工医疗保险缴费与待遇比较一览表 ……………………………………………………………（94）

表 5-3 "十一五"期末上海市主要社会保障制度简表 …………（96）

表 5-4 上海和成都综合保险与国家城镇职工社会保险制度内容简表 …………………………………………………………（102）

表 5-5 农民工社会保障模式绩效评价简表……………………（109）

表 7-1 中央政府与地方政府财政收入与支出所占比重…………（132）

表 7-2 跨省流动农民工对输入地政府养老保险基金贡献情况……（133）

表 7-3 跨省流动农民工输出地政府养老保险基金隐性损失情况 …………………………………………………………（134）

第 1 章

绪　　论

1.1　问题的提出

　　人口的合理流动，农村剩余劳动力向非农产业的转移，农村人口的城镇化，是中国跨世纪的伟大而艰巨的社会经济工程[①]（辜胜阻，1994）。中国作为一个发展中大国，二元经济结构是国民经济结构的基本特征。中国要由二元经济转变为现代经济，要由落后的农业国发展成现代化、工业化国家，关键在于农业劳动力的非农化与城镇化。本文认为，在实现二元经济成功向现代化的一元经济转变这一伟大的进程中，农民工这一群体的社会保障问题是不可回避的，换句话说，农民工社会保障问题是否能够有效解决将直接影响城镇化、工业化和二元经济结构转换的绩效和进程。然而，作为城市的"边缘人"的农民工群体，他们享受的社会保障程度很低。农民工的社会保障问题实际上是在农村富余劳动力向城市转移过程中，如何实现从传统的土地保障向现代化社会保障制度转换的问题。这个问题解决的好，会大大促进农民向城市的转移，加快城市化、工业化的进程，推动中国社会从城乡分割走向城乡协调发展[②]（郭金丰、杨翠迎，

[①] 辜胜阻，简新华. 当代中国人口流动与城镇化 [M]. 武汉：武汉大学出版社，1994.11：1-5.
[②] 郭金丰，杨翠迎. 农民工社会保障制度建立过程中的政府责任探析 [J]. 江西行政学院学报，2004（4）：19-21.

2004)。由此可见，为农民工提供适度的社会保障，既是这个特殊群体的力量发展到一定程度的必然要求，也是经济发展到一定阶段的必然结果，更是有效解决"三农"问题、实现小康社会与和谐社会目标的必然选择。因此，研究农民工的社会保障问题既具有重要的现实意义，更具有重要的战略意义。

推进农村剩余劳动力合理有序转移，可以为我国的工业化升级提供人力资源支持；伴随农村剩余劳动力的转移，更多的农民转变为市民，推动了城市化进程；劳动力转移到劳动生产率较高的部门，增加了收入，有利于减小城乡收入差距和推进城乡一体化。反之，农村剩余劳动力转移问题如果解决不好，工业化、城市化、城乡一体化等方面的工作也很难有实质性的突破。因此，农民工社会保障制度的完善有助于提升城市拉力，有效缓解工业化、城市化给农民工群体所带来的经济社会风险，也有助于从根本上解决农民工非永久性乡城迁移问题。由此可见，农民工社会保障问题是我国城乡一体化建设进程中需要给予更多关注和有效加以解决的关键性问题之一。

从现实情况来看，由于我国长期以来受城乡二元结构的制约，随着大量农村剩余劳动力向城市转移，出现了一个新的社会群体——进城务工人员即农民工。从职业角度讲，他们是工人；从身份上讲，他们是农民。这种职业身份与户籍身份的矛盾，使他们无法真正融入城市的主流社会与生活，而是逐渐演变成为一个被边缘化的新的弱势群体。如何有效进行制度设计，逐步完善农民工群体社会保障制度体系、吸纳他们进入一体化的社保网络，进而获得合法身份，享受市民待遇的问题已经超越了个别群体的利益诉求，这一问题的有效解决必然有助于实现小康社会与和谐社会目标。

1.2 研究意义

1.2.1 理论意义

一方面，社会保障制度体系能够有效支撑劳动力市场的正常运转，社会保障体系不完善，就不能解除劳动者和企业的后顾之忧，这势必影响劳动力生产和再生产，进而影响劳动力市场有效运行和制约其功能的发挥。现代社会保障制度已经不再是传统意义上简单地为国民提供基本生活保障的收入再分配计划，而是可以作用于生产、消费等领域的重要经济制度，发挥着资源配置和促进经济发展的功能。因此，社会保障制度是劳动力市场平稳运行的制度前提，完善的社会保障制度能够促进劳动力的商品化，能够促进劳动力资源合理流动，提升国家或地区人力资本存量整体水平。

另一方面，劳动经济学的传统主题之一是劳动力的供给与需求。劳动力市场根据效率原则向就业者提供劳动报酬，竞争机制在劳动力资源优化配置过程中起主导作用，但由于劳动力个体之间存在禀赋差异，竞争必然带来优胜劣汰，进而引起贫富差距和弱势群体的产生。从这种意义上讲，以劳动者保障为核心的社会保障制度能够为劳动力市场的供给方及其家庭成员提供最基本的生活保障，在一定程度上通过收入再分配功能实现起点公平、机会公平和结果公平，而劳动力供给质量的改善有助于提高劳动力市场就业水平，就业水平的提高本身又可以促进社会保障供款的增加，改善政府调节经济运行的能力，最终有助于提升全社会长期消费和投资能力，拉动总需求，进而引致劳动力需求扩张，增加就业。

社会保障制度和劳动力市场之间是相互依赖、相互支撑的，是一个不可分割的有机整体，劳动力的就业是社会财富创造的基础和源泉，也是社会保障制度存在的经济基础；社会保障制度本身是劳动力市场有效运行的制度前提，为劳动力市场运行服务，对劳动力本身人力资本存量、水平的提升和就业促进产生了积极影响。因此，在理论和政策研究中，不应该把社会保障制度和劳动力市场运行二者割裂开来，要深入研究二者互动机理和协调机制，而从社会保障制度和劳动力市场互动关系的视角进行经济学理论研究可以丰富劳动经济学、社会保障学、制度经济学相关学科的研究内容。

从现有文献来看，国内学者大多都从社会学、公共管理等视角来研究农民工社会保障问题，而从农民工社会保障和劳动力市场实现良性互动，发挥农民工社会保障人力资本效应和迁移效应等视角进行研究的文献则极其少见。由此可见，本书的研究有利于完善流动人口社会保障理论、农民工市民化理论和劳动力市场经济理论。

1.2.2 现实意义

第一，有利于推进农民工市民化，提高城镇化水平。

农村剩余劳动力向非农产业转移是人类社会经济发展过程中一个不可逆转的长期过程。农村剩余劳动力向非农产业持续转移的过程，同时也是城市化水平不断提高的过程。从现实情况来看，由于工业化优先发展战略这一历史原因，我国城市化进程明显滞后于工业化，以户籍制度为核心的城乡二元经济社会体制对城市化进程产生了进一步的制约。其中重要表现之一是阻碍城乡生产要素的自由流动和合理配置。农民工虽然长期在城市从事非农产业工作，但从身份来看，仍然是农村户籍人口，无法享受社会保障和公共服务的市民化待遇，这与农民工为城市经济社会发展所做出的重要贡献是极不相称的。由于基本社会保障的缺失，在城市从事非农产业的农民工就业稳定性差、就业环境亟待改善、工资水平较低，消费行为难以"城市化"，缺乏归属感和基本的安全感，人力资本投资激励不足，就业质量难以有实质性提高，这些都在一定程度上遏制了农民工投身城市社会建设和发展的积极性和创造性。城市化滞后的另一个后果是制约城市服务业发展和新兴业态出现，新增就业岗位创造能力不足，对吸纳农村剩余劳动力产生了严重制约作用。此外，完善农民工社会保障制度有利于引导农民工从非永久性乡城迁移向永久性乡城迁移转变。农民工社会保障制度的完善更有助于农民工应对经济周期性变动所带来的就业和高生活成本问题，避免因农民工提前返乡、中断城市就业所带来的负面影响。通过上述分析可知，农民工社会保障制度的完善与发展有利于促进农民工及其家庭成员实现永久性乡城迁移、有利于二元经济社会结构向一元化积极转变、有利于稳步提高城镇化质量，推进农民工市民化进程。

第二，有利于实现基本公共服务均等化，促进社会和谐。

公共服务是以政府等公共部门为主来提供的，以满足社会公共需求、供全体公民共同消费与平等享用的公共产品和服务[①]。尽管世界各国对公共服务范围的界定不完全一致，但一般来说，主要涵盖基础教育、基本医

---

① 金南顺等. 覆盖农民工的城市公共服务体系研究 [M]. 北京：中国社会科学出版社，2012：13.

疗卫生、就业服务、基本社会保障、保障性住房、公共文化、公共安全、基础设施和环境保护等方面。每个公民都应具有享用公共服务的权利，而且能够公平便捷地享有。因此，普惠性和可及性是基本公共服务实现均等化的主要衡量标准。解决好农民工社会保障问题，不仅关系到扩大内需，更关系到改善民生。解决好农民工社会保障问题，有助于使改革发展成果惠及广大农民工群体，缩小不同群体之间享有公共服务的差距。由此可见，完善保障和改善民生的制度安排，应该把农民工群体作为重点。

和谐社会理论要求农民工与城市居民和谐相处，也是城市化质量提高的一种标志。福利水平普遍提高是社会和谐的内在要求，坚决要避免任何一个群体被边缘化或歧视。实现社会和谐，最为重要的是构建和实施有利于"社会和谐"的运行机制，至少应该包括：顺畅的社会流动机制、合理的利益协调机制、安全的社会保障机制和有效的社会控制机制。随着城市人口中的外来务工人员比重持续增加，如果仍然缺乏有效的社会保障机制和通畅的利益表达机制，这必然会导致农民工对城市社会怀有疏离感和责任意识匮乏，影响城市社会和谐稳定，降低城市化质量。由此可见，基本社会保障公共服务均等化不仅是建设社会主义和谐社会的基本理念，是落实以人为本的科学发展观的具体体现；同时，实现基本社会保障公共服务均等化成为强化政府公共服务职能、建设服务型政府和缩小区域发展差距的基本要求和主要途径之一，也对构建小康社会具有深远的战略意义。社会保障全民覆盖，人人享有基本医疗卫生服务，住房保障体系基本形成，社会和谐稳定。

第三，有助于破除劳动力流动障碍，促进劳动力市场一体化发展。

现阶段，推动中国劳动力市场一体化的最重要的力量之一是大规模的农民工群体的乡城迁移。不仅体现在农民工的数量和规模极其巨大，还在于这一部分劳动力从其流动的一开始就采取市场化的就业方式。这就有力地促进了市场机制的发育，并成为促进城乡劳动力市场一体化乃至城乡之间经济融合的重要推动力。然而，农民工城乡流动的主要障碍虽然已经打破，但是，一些体制和制度性的阻隔仍然存在。目前，针对农民工的歧视性的劳动力市场政策大部分都已经清除，但是，社会保障制度的城乡分割、部门分割和地区分割仍然对城乡之间劳动力市场的一体化产生着负面影响。例如，农民工子女教育制度、社会救助制度目前仍然存在着比较明显的城乡差异，这在一定程度上制约着农民工的流动。

农民工跨区域迁移及其导致的劳动力市场一体化是促进经济发展的重要动力。改革开放以来，农民工流动的特征最主要体现在：东部沿海地区的经济发展吸引了大规模的农民工群体异地就业。由于民营经济生长于传统经济体制以外，其就业决定也更加市场化，对于推动劳动力市场的区域整合和扩大市场机制的应用范围有着突出的贡献。随着经济的发展，未来仍然需要对一些重点领域，例如，对社会保障等公共服务政策进行深化改革，才能更有效地推动劳动力的区域流动。目前，社会保障统筹层次过低，社会保障账户缺乏区域间的可携带性，是阻碍农民工区域间流动和劳动力市场区域一体化越来越重要的制约因素之一。这也成为未来中国劳动力市场改革的重要领域。因此，劳动力市场一体化必然要求逐步打破城镇劳动力与农村劳动力在制度、政策上的界限，逐步清除歧视性体制障碍，消除城乡分割的二元结构，构建相互协调的新型城乡关系；必然要求对城乡二元社会保障制度、教育培训制度和劳动力市场管理制度等方面进行统筹安排，使城乡劳动者都能平等地享受就业保障、职业安全保障、养老保障、医疗保障、教育福利、住房福利等待遇。

第四，有助于农民工人力资本积累，促进就业质量的提升。

农民工人力资本投资是指投入到农民工身上的，能提高农民工知识与技能，并能影响农民工未来货币收入和物质收入的各种投入。农民工的人力资本投资可以提高其劳动力素质，增强其从业竞争力。按照舒尔茨教授的分析，人力资本投资的主要形式具体包括：教育、在职培训、健康保健和劳动力流动。除了以上四种人力资本投资方式外，有助于获取劳动力市场的工资、职业需求等信息的活动，也可以视为人力资本投资。从广义上来说，为了形成和增强劳动力的生产性，增加未来的效用，任何直接针对改善或提高劳动者的职业技术能力、知识结构，以及其人力资本利用效率的费用支出，都可以视为人力资本投资。农民工社会保障制度通过直接或间接机制对农民工人力资本投资水平产生影响。

农民工社会保障制度对农民工及其家庭成员人力资本投资的积极促进作用主要体现在：第一，农民工社会保障制度的完善有助于构建和谐劳动关系，进而提高农民工的就业质量。农民工就业质量的提高，一方面可以缩短农民工不在岗时间，通过干中学提高其职业技能；另一方面可以稳定农民工的职业生涯预期，提高其进行人力资本投资的积极性。第二，完善农民工子女教育福利相关政策，加强人力资本投资。就业者自身的素质越高越容易从竞争中获得高质量的工作岗位，其劳动效率也越高。教育是农民工及其子女人力资本积累的主要途径，也是就业能力提升的重要方式，教育水平越高，其劳动参与强度也越大，并且，教育程度的提高对地区经济增长有积极的影响，而经济增长必然促进就业质量的提高。第三，农民工工伤康复制度的完善有助于恢复农民工人力资本，使其重返工作岗位，降低工伤风险所带来的不良后果。第五，扩大农民工社会保障覆盖范围，提高保障水平，释放农民工受压抑的消费能力和提高消费意愿，进而激励农民工在健康、子女教育和培训方面的投资，改善就业质量。

1.3　研究方法

1.3.1　文献查阅法

通过中国知网、万方数据库、EBSCO 数据库、国内外相关学科专业网站等工具，收集和查阅了社会保障学、劳动经济学、福利经济学和制度经济学等方面的大量文献和书籍。有关资料还来源于政府相关部门未公开发表的统计数据、个案研究报告以及现阶段农民工社会保障领域的政策法规等。上述文献、资料经过作者归纳、整理、比较和提炼，总结出文献的主要观点和学术进展情况，并对有关学术观点进行了述评。从而找出本书研究的切入点，形成了课题研究的整体方案。

1.3.2　社会调查法

社会调查法是指运用问卷、访谈等具体方式，有针对性地、有计划地搜集与选题相关的现实材料，并对这些一手材料进行整理、分析、归纳和比较,借以发现存在的问题和成因,针对这些问题和成因,进而提出应对之策的研究方法。任何一个学科的科学研究都必须占有大量、详实和有针对性的数据和事实资料,这样,才能使理论分析有的放矢,相关对策在实践中可行。对于农民工社会保障问题的研究,必须紧密联系现阶段经济社会发展实际情况,对农民工就业和社会保障现状进行系统的社会调查,掌握丰富的第一手资料,为实证检验和对策研究奠定坚实的基础。笔者于 2013 年 4－6 月间在辽宁省的沈阳、大连、鞍山、锦州、阜新和丹东等城市,随同国家统计局辽宁调查总队各地区派出机构的工作人员,通过发放问卷和现场交谈等方式获取了本书研究的大量调研资料。此次调查耗时 90 多天,重点对农民工较为集中的建筑业、制造业等行业进行了深入细致的问卷调查,相关信息包括工作时间、收入水平、受教育程度、职业安全、健康状况、劳动合同签订情况、社会保障等内容,为后续研究提供了数据支持。

1.4　基本结构与主要内容

全书共 8 个章节,大体分为五部分:

第一部分是本书的绪论,即第 1 章,主要介绍本书的选题意义、写作方法与逻辑思路以及在写作过程中的创新部分与存在的不足,作用上对全书进行统领。

第二部分为理论基础,由第 2 章、第 3 章组成。首先,本书系统梳理与客观评价了国内外学者对农民工社会保障的相关研究成果。其次,对本书的理论基础进行了概括性阐述,涉及社会支持理论、工资变动的劳动力市场效应理论和制度关联理论,从而为本书的后续研究提供了理论依据。

第三部分为农民工社会保障制度存在的必要性分析,即第 4 章。首先,以社会支持理论为指导,从微观角度对农民工乡城迁移过程中所面临的经济社会风险进行了剖析和归纳,将农民工就业特征和所面临的经济社会风险有机结合在一起,经过研究发现:相对于所有雇佣劳动者而言,农民工更需要完善的社会保障制度去分散和化解城市化进程中的收入风险、失业风险、职业安全风险、公共卫生风险、居住风险和教育风险等。其次，主要从理论层面分析了农民工社会保障的劳动力市场效应，经过系统的理论分析和论证，得出的结论是：从长期看农民工适度社会保障有利于扩大劳动力需求，有利于提高劳动力供给质量。

第四部分为中国农民工社会保障制度的现状、问题及其成因的制度关联分析，包括第5章、第6章和第7章的内容。这部分是本书的核心。首先，在对农民工社会保障制度建设的总体情况、实施特点进行研究的基础上，重点剖析了我国农民工社会保障制度存在的主要问题——保障覆盖面窄、保障水平低、各项制度间衔接性差、主要保障项目缺失、一些保障制度安排激励效应差等；其次，以制度经济学中的制度关联理论为指导，从制度关联视角对引致农民工社会保障问题出现的成因进行了剖析，创新了研究视角，有别于其他学者关于农民工社会保障的理论研究。

第五部分为对策建议，即第8章。这是本书的研究目的和落脚点。在上述理论研究、问题与原因分析的基础上，探讨了解决我国农民工社会保障制度现存问题的对策措施，即：深化二元体制改革，加强相关制度安排的协调性；有效解决保障供给单一化与保障需求多样性的矛盾，健全适应农民工就业特点的社会保障运行机制；加强人力资本投资，提升农民工群体参保能力。

本书研究的技术路线：

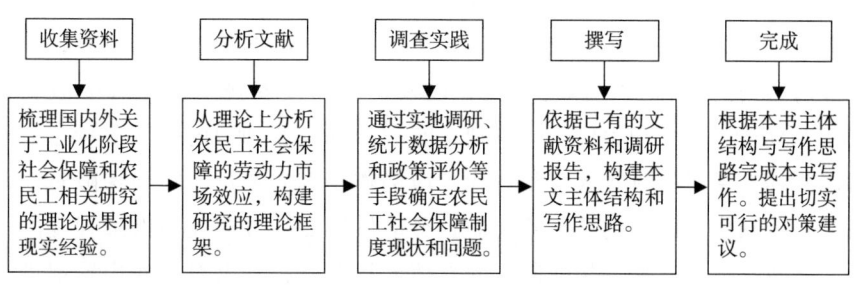

图1-1 本书研究的技术路线

1.5 创新与不足

1.5.1 主要创新点

第一，充实研究内容，深化了对农民工社会保障劳动力市场效应的理论研究。从现有文献来看，国内学者大多都从社会学、公共管理等视角来研究农民工社会保障问题，而从农民工社会保障和劳动力市场实现良性互动，发挥农民工社会保障人力资本效应和迁移效应等视角进行研究的文献则极其少见。因此，本书将农民工社会保障制度经济效应的理论分析建立在劳动力市场供求理论的经典框架之上，突出农民工社会保障对劳动供给和劳动需求作用机理的分析，认为农民工社会保障的劳动供给效应基本由三个方面构成，即农民工社会保障的劳动供给数量效应、劳动供给质量效应暨人力资本效应和农民工迁移效应；农民工社会保障的劳动需求效应分析则从对企业用工需求的影响和对劳动力需求总量的影响两个方面展开。分析结论是：①从短期分析，农民工社会保障会减少企业用工需求；从长期看，农民工社会保障不是减少劳动力需求，而会增加对劳动力的需求。在研究过程中，还大胆尝试利用效率工资思想对农民工社会保障的劳动需求效应进行分析。②从社会保障对农民工劳动供给的影响分析可知，社会保障对劳动力的保护、修复作用，以及这种制度安排对劳动者的激励作用，有利于增加劳动力供给，特别是有利于提高劳动力的供给质量。如果考虑到社会保障的收入效应与替代效应的作用方向相反，社会保障对农民工个人劳动供给的影响是不确定的。劳动供给变动方向还与保障程度的高低、缴费水平的高低、保障制度的具体安排有关，本书对这些内容都进行了深入分析。

第二，从制度关联的角度剖析了我国农民工社会保障制度现存问题形成原因。以制度经济学中的制度关联理论为指导，从制度关联视角对引致农民工社会保障问题出现的成因进行了剖析，创新了研究视角，有别于其他学者关于农民工社会保障的理论研究。

1.5.2 不足之处

本书不足之处是没有利用计量经济学的方法对造成农民工社会保障制度困境的因素进行计量验证，这在一定程度上降低了结论的可信性。主要原因是由于我国农民工社会保障地方实践从 2003 年才开始试行，至今不过十余年时间，因此在获得数据方面受到限制。因而在条件许可时，应该对研究结论进行计量检验，使研究更加严密、结论更加可靠。

第 2 章

文献综述

2.1 国外相关文献综述

农民工社会保障问题源于我国农村劳动力转移的特殊性,特殊之处在于:我国农村剩余劳动力转移路径与西方发达国家具有显著差异,一般而言,西方发达国家农村劳动力实现非农就业的同时也就完成了身份转换,即农民转变为市民,而我国农村剩余劳动力则是先由农民转变为农民工,然后再经历很长时间由农民工转变为市民,因此,国外文献中鲜有农民工社会保障问题的相关研究。但是,经济学中关于劳动力流动、城乡社会保障差异、凯恩斯有效需求理论、福利经济理论、和谐劳动关系等研究文献对研究本书主题有较强借鉴作用。为此,国外文献综述将围绕下面五个主题进行。

2.1.1 关于劳动力流动的研究

西方发达国家普遍经历了较长时间的农村劳动力向城市转移的过程,到 20 世纪初期,基本完成了工业化。劳动力流动和转移不仅推动了经济发展,也对产业布局、就业结构、工业化和城市化进程产生了直接影响。现代社会保障制度正是为了解决工业化进程中迁移劳动力的医疗卫生、职业安全保障、公共卫生、住房、就业和养老等问题而逐步确立的。因此，本文首先针对劳动力流动的经典理论和相关研究进行综述。通过文献检索可知，国外对劳动力流动和迁移的研究可以追溯到古典经济学时期，古典经济学创始人英国经济学家威廉·配第（William Petty，1672）提出了产业间收入差距原理①，指出了"与农业相比，工业收入多，而进一步和商业相比较，则商业收入更多"。根据该原理，产业间收入差距必然会引起劳动力产业间转移和产业结构调整，这就揭示了劳动力流动和产业结构变迁的动因和方向。威廉·配第开创性地阐释了经济利益是劳动力流动的基本动因这一论断，也拉开了劳动力流动和迁移研究的序幕。此后，其他古典经济学家亚当·斯密（Adam Smith，1776）、大卫·李嘉图（David Ricardo，1817）等都从不同角度对劳动力流动和生产要素配置的问题进行了详细的分析，例如，亚当·斯密在《论工资与利润随劳动与资本用途的不同而不同》②一文中指出：不同职业在报酬、责任、心理状态、职业稳定性等方面均存在差异，这是引致劳动力发生职业转换、地区迁移和行业间流动的主要动因。

第二次世界大战后，劳动力流动和迁移的理论研究框架得到逐步完善和发展。该时期具有代表性的研究成果有：W·阿瑟·刘易斯（W. A. Lewis，1954）③、拉尼斯和费景汉（G. Rains & C. H. Fei，1961）④、乔根森（D. W. Jorgenson，1961）⑤、托达罗（Todaro，1969）⑥等经济学家的二元经济结构理论和斯塔克（Stark，1982）的新迁移经济学理论。该时期的理论研究具有多视角特点，例如，刘易斯首次提出了发展中国家农村劳动力向城镇工业部门流动的二元经济结构模型，而拉尼斯和费景汉对刘易斯模型进行了较大的改进，形成了以分析农村剩余劳动力为核心和重视工农业部门共同技术进步为特征的二元劳动力流动模型。乔根森则是放弃

---

① 威廉·配第. 政治算术 [M]. 北京：商务印书馆，1978.
② 亚当·斯密. 国民财富的性质和原因的研究 [M]. 北京：商务印书馆，1972.
③ 威廉·阿瑟·刘易斯. 二元经济论 [M]. 施炜等译. 北京：北京经济学院出版社，1989.
④ 费景汉、拉尼斯. 劳动剩余经济的发展 [M]. 王璐译. 北京：经济科学出版社，1992.
⑤ 张桂文. 中国二元经济结构转换的政治经济学分析 [M]. 北京：经济科学出版社，2011. 10：15 – 16.
⑥ [美] M·P·托达罗. 第三世界的经济发展 [M]. 北京：中国人民大学出版社，1988.

了劳动力无限供给和工农业部门工资水平固定不变的假设。鉴于上述三个理论模型没有考虑城市失业对农村劳动力转移的影响，托达罗模型最突出的特点是关注了城乡预期收入差异和城市就业概率，将这两个因素作为劳动力流动的主要决策依据。基于刘易斯模型、拉尼斯－费景汉模型和托达罗模型对本书理论研究视角的创新具有重要的借鉴意义，而且，在发展经济学中，这三个理论模型具有代表性，因此，本书对这三个模型的理论思想进行详细的综述。

刘易斯最早认识到欠发达国家的经济发展条件不同于发达经济体，更类似于发达国家工业化初期阶段。因此，研究欠发达国家的经济发展，其假设条件就应建立在古典范式的基础上。刘易斯劳动力转移理论的二元结构分析框架主要有五个基本假定①，具体包括：①发展中国家经济体由两部门构成，即劳动生产率低下，仅能维持生计的农村传统农业部门，劳动生产率较高的城市现代工业部门。现代工业部门使用再生产性资本，而传统农业部门不使用再生产性资本。②传统农业部门较为庞大，没有资本投入，土地十分有限，劳动力十分丰富，因此，农业劳动生产率低下，甚至有一部分劳动力的劳动边际生产率低到零，刘易斯把这部分劳动力称为剩余劳动。③由于农业部门存在着大量的剩余劳动力，因此农业部门的工资水平一般只能够维持自己和家庭最低限度的生活水平，即生计工资，而且这一工资水平在农业剩余劳动力存在的条件下是不变的。从这个意义上说，农业部门的工资是保持生计工资水平不变的制度工资。④城市现代工业部门较为弱小，以追求利润最大化为目标，现代资本主义工业部门的利润归资本家所有，工业部门的技术进步和资本增加并不会增加工人工资，增加的收入全部归属于资本家所有，资本家的收入占国民收入的比例是不断上升的。现代工业部门资本家的利润全部用于投资。⑤现代工业部门的工资水平由传统农业部门的生计工资所决定，并略高于生计工资水平，刘易斯估计约高30%左右。从这个意义上说城市现代工业部门在农业剩余劳动力吸收完毕之前，也属于不变制度工资。

美国耶鲁大学的两名经济学家费景汉和拉尼斯教授对刘易斯模型进行了改进，重点修正了刘易斯模型中关于农业对发展贡献的假设，指出：农

---

① 威廉·阿瑟·刘易斯. 二元经济论 [M]. 施炜等译. 北京：北京经济学院出版社，1989：1－27.

业存在技术进步，不仅为工业发展提供劳动力，而且还提供剩余产品和资本积累，而且二元经济增长是一个工业与农业平衡增长的动态过程①。只有工业和农业共同发展，确保工人工资等于农民的制度性工资，才能保证劳动力不断进行转移，促进二元经济平衡增长。在拉尼斯—费景汉模型中，剩余劳动力与隐蔽性失业两个概念被清晰地给予了界定，前者相当于完全失业的农村劳动力，无任何工作可干；后者除了包括剩余劳动力之外，还包括那些劳动能力没有被充分利用的就业人口。当劳动边际生产率为零时，这时的隐蔽性失业人口相当于刘易斯模型中的农业剩余劳动力。将这部分农业剩余劳动力转移到城市工业部门，不会影响农业总产出，也不出现粮食短缺。当隐蔽性失业劳动力的边际产出大于零时，但是小于制度性实际工资时，这种情况下，农村劳动力向城市工业部门转移，同时农业产出不增加，就会出现粮食短缺。

在拉尼斯—费景汉模型中，按照被释放的农村劳动力与农业产出的关系，二元经济增长被划分为三阶段。在第一阶段，被释放的劳动力对农业生产没有贡献，农村劳动力过剩且存在隐蔽性失业。该阶段属于劳动边际产出为零的农业剩余劳动力向城市工业部门转移阶段。费景汉和拉尼斯把这部分劳动力叫作"多余劳动力"，由于劳动边际产出为零，所以"多余劳动力"的转移不会影响农业总产量，不会产生粮食短缺，也不会影响现行工资。在第二阶段，被释放的劳动力对农业生产有贡献，但这部分劳动力的边际产出小于制度工资，该阶段的特征是：农村不存在过剩劳动力但存在隐蔽性失业。由于隐蔽失业者的边际产出大于零，这部分劳动力转移出去时，农业部门的总产出就会减少。费景汉和拉尼斯把第一阶段和第二阶段的交界处，定义为"短缺点"，表明当平均农业剩余下降到制度工资以下时，农产品出现短缺，特别是粮食开始出现短缺。在第三阶段，农业部门被释放的劳动力具有资源稀缺的特点，其边际产出不仅大于零而且还大于制度工资，该阶段不存在农村隐蔽性失业群体。第二阶段和第三阶段之间的转折点被称为"商业化点"，超过这一点后，经济增长进入新古典阶段，无论是在工业部门还是在商业部门，劳动力资源的稀缺性都是客观存在的，劳动力资源优化配置主要靠市场机制来实现。这时，农业剩余劳

---

① 费景汉，拉尼斯. 增长和发展：演进观点 [M]. 北京：商务印书馆，2004：1-24.

动力已被工业部门吸收完毕，农业劳动者工资就不再由习惯、道德等制度因素决定，而是由市场力量所决定，工资水平也不再等于不变制度工资，而是等于劳动边际产出。工业部门要吸收更多的农业劳动力，就必须使工资水平提高到至少等于农业劳动边际产出水平。此时，农业劳动力已成为竞争性商品，与工业部门一样，农业部门也被商品化了，所以费景汉和拉尼斯把第三个阶段的起点称为"商业化点"。

托达罗劳动力转移理论最突出的特点是在充分考虑了城市失业的基础上，关注了预期收入，并把预期收入最大化作为行为的目标。农村劳动者转移到城市就业的决策是由城乡预期收入差距而非城乡实际收入差距决定的。城乡预期收入差距等于城乡实际收入差距与城市就业概率的乘积。虽然城市失业的存在，导致就业概率下降，从而使预期收入下降，但只要预期收入大于农业收入和迁移成本，劳动力就会从农村迁移到城市。托达罗认为，城市存在正规部门和非正规部门。正规部门属于城市现代部门，工作比较稳定，薪酬水平较高，对劳动力素质要求比较高，该部门拥有比较完善的福利和社会保障措施；非正规部门则由一大批小规模生产和服务活动构成，它们或者是个人所有或者是家庭所有，采用的技术简单而且是劳动密集型的①。农村劳动力迁移到城市，通常只能先在"城市传统部门"工作，要经过适应、学习和搜寻，部分或全部劳动者才有机会和条件进入"城市现代部门"工作②。托达罗还认为，在市场机制的调节下，城市失业率会趋向一个稳定水平。这一稳定水平也就是均衡失业率，均衡失业率的形成过程实际上是城市失业、就业在市场机制作用下的一个调节过程。

20世纪80年代至今，新迁移经济学理论研究备受关注，斯塔克在1982年首次提出该理论，随后，许多学者以该理论为框架，以微观数据为基础，围绕迁移者特征、迁移决定因素、家庭成员之间的策略行为、信息不对称和风险分散等相关问题进行深入研究，形成了大量研究成果。例如，Walker（2008）在对美国年轻人迁移行为的研究中发现，教育和迁移呈现出U型关系，高中学历的年轻人迁移比例最低，具有大学或高中以下

---

① 迈克尔·P·托达罗. 经济发展 [M]. 北京：中国经济出版社，1999：267.
② 张桂文. 中国二元经济结构转换的政治经济学分析 [M]. 北京：经济科学出版社，2011：17.

学历的年轻人迁移率更高①。而 Anna（2009）对当前迁移者更偏好于向大城市迁移的原因进行了分析②，研究结果指出：迁移者更注重迁入地区的福利状况，在潜在迁入地区中进行选择时，相对于就业率而言，迁入者更关注教育机构、社区状况等因素，基于此，大城市是主要迁移目标。Hansen 和 Lofstrom（2009）运用瑞典的大型面板数据组，运用 Logit 回归方法，深入研究了地区福利改革对迁移者的吸引力，结论为显著影响③（Jorgen 和 Magnus，2009）。此外，一些学者对迁移劳动力的就业状态给予了关注，例如，Blume 和 Mette（2009）等学者的研究发现④：迁移劳动力在迁入地就业采取自我雇佣的比例要远高于迁入地本地人，主要原因在于自我雇佣方式是迁移劳动力避免被边缘化的最优方式。

新迁移经济学理论和发展经济学中二元经济结构理论主要区别有两点：第一是迁移决策的主体。新迁移经济学理论认为，迁移决策并不是由迁移者个人单独作出的，而是由相互关联的个体所组成的单位集体决策的结果，例如家庭在迁移过程中起到了决策作用。第二是劳动力流动和迁移的主要目标。新迁移经济学理论认为，劳动力迁移并不是仅仅为了预期收入最大化，迁移目标还应该包括最小化家庭风险。

2.1.2 关于城乡社会保障差异的研究

20 世纪 90 年代以来，一些国外学者对中国城乡社会保障差异和农民工问题给予了一定关注，尽管相关文献不多，但对于本论文研究框架的搭建具有一定的借鉴意义。来宾斯（Kenneth Lieberthal，1995）认为中国现行城乡社会保障体系具有多层次特点，对经济社会运行起到了稳定器作用，这一点是应该肯定的，但是，城乡社会保障体系未来发展更应该注重

---

① Walker, J. R. Internal Migration [A]. The New Palgrave Dictionary of Economics (2nd Edition) [M]. London: Palgrave Macmillan, 2008: 957 – 992.

② Anna, Damm. Determinants of recent immigrants location choices: quasi – experimental evidence [J]. Journal of Population Economics, 2009, Vol. 22, No. 1: 145 – 174.

③ Jorgen, Hansen & Magnus, Lofstrom. The dynamics of immigrant welfare and labor market behavior [J]. Journal of Population Economics, Vol. 22, No. 4: 941 – 970.

④ Kran Blume, Mette Ejrnas, Helena Skyt Nielsen and Allan Wurtz. Labor Market Transitions of Immigrants with Emphasi on Marginalization and Self – Employment [J]. Journal of Population Economics, Vol. 22, NO. 4: 881 – 908.

统一性和规范性，提高共济功能，不断使社会保障体系和生产力发展水平相适应，还应不断挖掘商业保险的潜力，发挥商业保险在多层次社会保障体系中的补充作用①。怀特（White，1998）则从城乡体制分割角度分析了城镇居民和农村居民在社会保障方面的差异，研究结果表明：政府在社会保障制度供给方面具有非均衡性，更多的社会保障资源分配给了城镇居民，而农村居民主要靠家庭保障或社区保障来满足养老、医疗等保障需求。索林格（Solinger，1999）调查发现，与日本和德国相比较，中国在外来务工人员市民化方面存在严重障碍，市民的权利和待遇显著优于外来务工人员②。尼科拉斯·拜尔（Nicholas Barr，2003）指出了中国社会保障存在的问题，并对流动人口社会保障进行了简要分析并提出了相关建议。凯瑟琳·米尔斯（Catherine Mills，2003）分析了养老保障对于农民工人力资源开发的重要作用，指出了养老保障有助于加速农民工迁移，作用显著。

2.1.3 凯恩斯有效需求理论的社会保障思想

凯恩斯主义理论认为，有效需求不足是产生经济危机的重要根源，政府干预经济的重点应该放在刺激总需求，进而拉动就业；国家应该通过实施宏观经济政策对经济运行进行积极干预，而宏观经济政策主要指财政政策。凯恩斯把国家干预经济和进行经济调控的范围不仅扩大到再生产领域，而且扩大到了再分配领域，这意味着凯恩斯国家干预思想中，社会保障占有相当重要的地位。例如，凯恩斯主张实行累进税制和社会福利手段调整国民收入分配格局，累进税制的实施有助于通过向富人征税而增加税收，然后通过财政转移支付政策对弱势群体进行救济和帮助。由于穷人边际消费倾向较高，通过收入再分配政策增加穷人收入，这样可以刺激消费，降低储蓄，进而拉动总需求。此外，社会保障还发挥着"自动稳定器"的作用，对经济波动产生了熨平的效应。以失业保险为例，经济运行

---

① Kenneth Lieberthal. Governing China：From Revolution Through Reform [M]. New York：W. W. Norton，1995：17 - 36.

② Solinger, Dorothy J. Citizenship issues in China's internal migration：Comparisons with Germany and Japan [J]. Political Science Quarterly，1999（3）：455 - 478.

低迷时，就业岗位减少，失业人数增加，这样，失业救济金将帮助失业人员渡过困难期，消费水平不至于因为失业而产生较大幅度地降低，这就在一定程度上缓解了经济下行的压力；当经济过热时，接受社会救济和领取失业保险金的人数将大大减少，失业保险支出也随之减少，可以在一定程度上缓解总需求过热的局面。总体上来看，凯恩斯社会保障思想体现了：政府要承担经济危机托底责任，要对经济运行进行干预，社会保障的价值取向是有助于恢复再生产和实现充分就业，因此，以该理论为指导建立的社会保障制度是国家承担有限责任的社会保障，而公民仍然要对养老、医疗、住房等事务承担个人责任。综上，凯恩斯理论体系中所体现的社会保障思想被公认为社会保障理论中的一个新的里程碑，直接推动了第二次世界大战后社会保障制度在全世界范围内的建立。

2.1.4 福利经济理论

福利经济学的理论思想渊源于古典和新古典经济学。阿玛蒂亚·森认为，"经济学有两个来源，其中一个即经济学与伦理学、政治学中有关伦理观念的联系，为经济学规定了不能逃避的任务"。而这些理论源于古典经济学[1]。1920年，庇古的《福利经济学》的出版标志着福利经济学的正式产生。庇古福利经济学是建立在基数效用论基础上，根据边际效用价值学说而提出的一套福利概念，并把这种主观福利概念和国民收入联系起来。他从国民收入量的增加和国民收入的分配出发，推导出增加社会经济福利的重要因素。具体来说，他把福利分为"社会福利"（广义的福利）和"经济福利"（狭义的福利）这两大类，将"福利经济"和"国民收入"等同起来。认为，正是由于经济福利是可以直接或间接地与货币尺度联系起来的那部分总福利，因此国民收入是可以用货币衡量的那部分社会客观收入，其中包括国外收入。所以，经济福利和国民收入这两个概念是对等的，对其中之一的内容的任何表述就意味着对另一个内容的相应表述。庇古的福利经济学理论可以分为三个重要理论要点，即资源最优配置论、收入最优分配论和外在化理论。

---

[1] 阿马蒂亚. 伦理学与经济学（中译本）[M]. 北京：商务印书馆，2000：10.

20世纪30年代，庇古的福利经济学受到罗宾斯（L. C. Robbins）的批判，罗宾斯对旧福利经济学提出了挑战。他的批判可以归纳为三点：一是指责庇古将价值判断引入经济学，将实证经济学变成伦理经济学；二是反对庇古所主张的基数效用论，特别是反对"效用可度量性"和"效用可比较性"这两个命题；三是反对庇古收入分配均等化的理论政策主张。继罗宾斯之后，其他经济学家也对庇古的福利经济学进行批判，如卡尔多、希克斯、勒纳等人在认同福利经济学意义的同时，从帕累托的理论出发，也对庇古的福利经济学进行了批判与修改、补充和发展，并建立起新福利经济学。新福利经济学的理论渊源是帕累托的学说。20世纪30年代，西方福利经济学将帕累托的序数边际效用价值论引入西方福利经济学，作为新福利经济学的理论基础，同时将帕累托所提出的社会经济福利最大化的新标准——帕累托最优化原理作为新福利经济学的出发点。

2.1.5 关于和谐劳动关系方面的研究

第二次世界大战以后至今，西方发达市场经济国家先后采取了一系列劳动力市场干预措施，形成了一套规范化和制度化的劳动关系调整机制，对劳动力再生产和市场经济稳定产生了积极作用。例如，英国、美国、瑞典、芬兰等福利国家在二战后逐步完善社会保障和提高福利水平，构建科学的集体谈判制度和劳动关系三方协商机制，这些都对二战后各国社会稳定和经济繁荣产生了深远影响。在这一时期，一些国际组织和专家、学者对产业与劳动关系协调发展、劳动者就业保障、劳动力市场灵活安全性等问题进行了深入研究，形成了一批有代表性的理论和政策研究成果。在国际组织研究成果方面，要首推国际劳工组织的国际劳工标准，该标准是国际劳工组织处理全球范围劳工事务的各种原则、规范、准则的统称，截至2008年底，国际劳工组织共颁布了188项公约和199项建议书。国际劳工标准中的技术性标准主要围绕劳动专业和特定人群两大类主题而设置。例如，在劳动专业类标准中，涉及了就业促进、产业关系、职业安全、工作条件、社会保障等方面；在特定人群类标准中，主要涉及妇女、童工、残疾人、移民工人、家庭工等方面。国际劳工标准中的政治性标准又称为核心劳工标准，涉及劳动者基本权利相关标准，不论成员国经济发展程度如何都必须遵守或执行，在整个国际劳工标准体系中具有基础性地位与核心价值的作用。国际劳工标准的实施机制具有多元化特征，除了通过成员国官方组织付诸实施外，还包括普惠制、生产守则等渠道。生产守则主要是针对公司层面的标准，是以核心劳工标准为指导，经过细化并且结合企业生产实际情况和行业差别，重在保障员工劳动权益和规范安全、健康的工作条件的相关准则。总之，国际劳工标准的推广和实施，有助于就劳动者权益保护问题达成广泛共识，特别是在经济全球化背景下，该标准对政府、雇主和劳动者构筑劳动关系三方协商机制产生了指导性作用。

在劳动者就业保障方面，一些学者从不同角度进行了研究，例如，Feldmann（2008）对劳资双方合作关系改善与失业率之间的变动规律进行了探索，样本既包括众多发展中国家又包括具有代表性的发达国家，研究结果表明：在那些劳资关系和谐的国家和地区，失业率会得到降低，尤其是妇女和年轻人的就业状况会有明显改善。再如，Shigeru Fujita（2010）从失业保险制度的经济效应入手，指出失业保险制度会影响劳动者的人力资本积累水平，还指出了现行研究较少地关注失业保险制度对人力资本的影响，这是一个值得深入研究的主题[①]。按照 Shigeru Fujita 的研究思路可知，失业保险等就业保障制度不仅要发挥对失业者的救济功能，分散就业风险，保障失业期间正常生活，更重要的是发挥其就业促进功能。发挥失业保险制度的就业促进功能是积极劳动力市场政策的重要体现，有助于避免失业者由于不在工作岗位而产生的劳动技能生疏、人力资本损失和工作积极性下降等问题，而积极的失业保障制度则表现为实施灵活多样的就业培训和职业能力建设规划。

近十几年来，有关集体谈判和集体合同制的研究文献越来越多，西方学者给予了高度关注。作为劳动关系的重要调节机制，集体谈判和集体合同制提升了劳动者的市场地位，对劳动力市场供求双方权力均衡和力量对比产生了一定影响。例如，戈德史密斯等学者（Goldsmith et. al., 2004）通过研究发现，如果用人单位对员工有明显的就业、福利等方面的市场歧

---

① Shigeru Fujita. Economic Effects of the Unemployment Insurance Benefit [J]. Business Review, 2010 (4): 20 – 27.

视,那么,劳动供给会减少①。而曼宁的研究(Manning,2003)则表明:劳动力市场的地域性和劳动力市场供给之间存在相关性。由于劳动者长距离搜寻工作和就业存在较高成本,例如,运输成本、输入地居住成本、日常生活成本等,因此,当输出地经济得到发展、就业环境逐步改善时,相当一部分劳动力会选择就近择业。由此可见,劳动力市场需求方选择权力没有想象的那么大,供给方也不会在付出高昂代价的前提下非理性就业②。曼宁的研究结论可以从我国农民工现实状况得到印证。

2.1.6 简要评价

国外发展经济学、劳动经济学、福利经济学和凯恩斯有效需求理论中的社会保障思想相关研究内容可以为本文的主题提供较强的理论支撑,可以借鉴。同时,一些学者对中国城乡二元社会保障体制给予了一定的关注,这些研究成果也在文献综述中体现出来了,也可以为后续研究提供一些思路。具体包括:

第一,新迁移经济学理论框架可以为解决现阶段我国农民工社会保障问题提供有益思路。例如,将最小化家庭风险纳入劳动力迁移的决策过程中,这要求进行农民工社会保障制度设计时,不仅要考虑农民工本人养老、医疗等保障需求,更重要的是应考虑农民工社会保障制度供给如何能有效分散家庭迁移风险,特别是当前,如何满足农民工住房和子女教育等一系列刚性的保障需求。换言之,农民工社会保障制度设计要与农民工市民化统筹考虑,适应农民工群体日益分化的趋势,实施分类、分层次社会保障,逐步改变农民工社会保障权益缺失的局面。再如,新迁移经济学理论研究认为,政府积极的劳动力市场政策可以影响迁移速度,政府社会保障计划可以极大地影响迁移动机。当前,加快农民工公共就业服务体系建设,可以降低就业信息搜寻成本和提升农民工职业技能,发挥就业保障制

---

① Goldsmith, Arthur H., Sedo et al. The Labor Supply Consequences of Perceptions of Employer Discrimination during Search and on – the – job: Integrating Neoclassical Theory and Cognitive Dissonance [J]. Journal of Economic Psychology, 2004 (25): 15 – 39.

② Manning, Alan. The Real Thin Theory: Monopsony in Modern Labour Markets [J]. Labour Economics, 2003 (10): 105 – 131.

度的就业促进功能，进一步提高流入地的拉力。

第二，按照前述 Shigeru Fujita 的研究思路，现阶段，农民工社会保障制度安排不仅要解决当前农民工亟需的保障项目，更重要的是改变农民工整体人力资本水平偏低、人力资本积累不足的现状，将社会保障制度建设和积极劳动力市场政策实践两个方面统筹考虑，发挥社会保障制度的人力资本投资效应，破除城乡社会保障差距的人力资本障碍。

第三，劳动力过剩和存在生产率不同的生产部门是大部分发展中国家的主要经济特征。刘易斯的劳动力转移理论抓住了这些主要特征，提出了一个完整的二元经济向一元经济实现转型的发展过程。该理论揭示出，农村剩余劳动力从生产率低的传统农业部门向生产率水平相对较高的现代城市工业部门进行转移的路径，并且认为，一旦劳动生产率为零的剩余劳动力全部转移到现代工业部门，农业劳动边际生产率就会提高，随着两部门劳动边际生产率趋于相等，两部门的收入水平也大致相同，传统二元经济结构就转换为现代一元经济结构。刘易斯首创的二元结构分析方法，为人们研究发展中国家的社会经济问题，提供了一个新的思路；刘易斯把经济发展、二元经济结构转换与农业剩余劳动力转移结合在一起，对发展中国家促进二元经济结构转换具有重要参考价值。

费景汉和拉尼斯对剩余劳动力的内涵进行了重新界定，并在此基础上对二元经济结构转换各阶段进行了新的划分，这是对刘易斯模型的修正和扩展。相对于刘易斯模型的假设，拉尼斯—费景汉模型可能更接近广大发展中国家的现实情况。费景汉与拉尼斯的研究表明，农业部门对工业部门的贡献不仅仅在于转移剩余劳动力，而且还要为工业部门提供农业剩余。基于此，农业部门必须发生平衡的农业技术进步变迁，使工业部门吸收的劳动力与农业部门释放的劳动力相等，实现两个部门的平衡增长。费景汉与拉尼斯对技术进步给予了足够的重视，不再把资本积累作为经济发展的唯一动力源泉，这样分析也更加接近实际，技术进步和资本积累是实现经济发展的重要抓手，也是提高劳动生产率的两个主要途径。费景汉和拉尼斯在强调技术进步对农业发展促进作用的同时，也强调技术选择的重要性。他们认为，欠发达国家要充分利用劳动力丰裕的比较优势，选择偏向劳动使用型的技术，以实现最大产出与最大就业的统一。

托达罗劳动力转移理论将分析的重点放在二元经济结构转换过程中由于农村剩余劳动力过度转移和城市失业并存所带来的冲突,并将二元结构分析方法和城市经济部门有机结合在一起,进而指出了正规部门就业和非正规部门就业之间的差别。该理论还强调发展农村经济,缩小城乡收入差距对解决城市失业问题的重要性。

上述三个劳动力迁移的理论模型对本论文选题的借鉴意义在于:①农业劳动力永久性乡城迁移对于工业化、城镇化、农业现代化及二元经济转型至关重要。②影响农业劳动力转移的主要因素是城乡收入差距,三个理论模型都蕴含这一思想,特别是托达罗模型把这一差距定义为预期收入差距。但促进农业剩余劳动力转移不能通过人为压低农民收入水平,而应提高农业劳动力的非农化收益。农民工社会保障水平的提高有助于增加农民工的制度收益,提升城市拉力,加速农业劳动力的转移就业。因此,促进农业劳动力转移、实现农民工市民化,就要健全社会保障制度,提高农业劳动力转移的收益,降低其迁移成本。

上述三个劳动力迁移的理论模型也存在一定的局限性,本书在研究中给予了一定的关注,有助于深化认识相关问题。例如,刘易斯劳动力转移理论的局限性,主要表现在:①过分强调资本积累,不重视民生问题,忽视了城市产业工人、进城务工人员和农民等劳动者生活质量的逐渐改善。按照刘易斯本人的观点,"任何提高维持生计部门(按人口平均)生产率的事情都将提高资本主义部门的工资,从而减少资本家的剩余和资本积累率。[①]"②刘易斯忽视了农村存在隐蔽性失业和城市也存在失业这一事实,就业状况改善问题没有引起重视。如果城市竞争性岗位较少或就业能力不高,进城务工人员很有可能由于失业陷入贫困状态,这会阻碍农村剩余劳动力进一步转移和实质性融入城市。针对这一点,就需要政府实施积极就业政策和提供社会保障等公共服务,分散工业化所带来的经济社会风险,降低农民工迁移成本,实现包容式增长。显然,刘易斯没有考虑到这些,偏重经济增长而忽视就业的发展理念和经济增长能够解决一切的政策主张在其理论学说中显示得淋漓尽致。正像托达罗在后来的《经济发展》一书中所指出的那样,"现代城市工业没有能够生产可观数目的就业机会是过

---

① 威廉·阿瑟·刘易斯. 二元经济论[M]. 施炜等译. 北京:北京经济学院出版社,1989:10-42.

去几十年来发展过程最明显的失败"[①]。③刘易斯模型没有揭示出人力资本累积对经济发展产生的深远影响，忽略了人力资本在传统农业改造和农民工自身就业能力开发过程中的积极作用。只看到工业化对国民经济发展的重要意义，而没有看到城乡统筹发展、结构优化与协调对发展中国家的战略意义。

尽管费景汉和拉尼斯对刘易斯模型进行了发展并使之更贴近发展中国家的现实情况，但是，拉尼斯—费景汉模型仍然存在一定的局限性，具体表现在：①仍然忽视城市失业的存在，缺乏对民生问题的关注。②仅仅把农业部门看作是工业部门发展的工具，在这一点上，与刘易斯模型没有本质区别，更没有揭示出农业技术进步的内在机制。③刘易斯模型、拉尼斯—费景汉模型都忽视了许多发展中国家劳动力市场非完全竞争特性，而农民可以自由向城市迁移的模型假设也和现实情况相距甚远。④刘易斯模型、拉尼斯—费景汉模型都强调在转型阶段，劳动者获得维持最低生活水平的收入，使资本最大化利润，加速资本积累的工业化发展战略，而忽视了低收入政策所带来的消费不足和市场需求对工农业发展的制约作用。

托达罗劳动力转移理论的局限性，主要表现在：①托达罗劳动力转移理论对城市工业部门、服务业发展所带来的就业机会估计不足，对城市化所带来的就业前景持消极态度。②通常，农业生产效率和农业资本有机构成的提高会挤出大量的农村剩余劳动力，而托达罗却认为发展农业能够解决大量劳动力就业。在这个问题上，托达罗没有深入分析产业间劳动生产率存在差别的深层次原因，对创造岗位的潜力也没有相对准确地估计。③在托达罗模型中，每个迁移者都是用正规部门工资及其就业概率来确定预期收益，这与实际情况也是不相符的，原因在于，农村转移劳动力往往在城市非正规部门就业，正规部门和非正规部门在诸多方面存在较大差异。

第四，凯恩斯有效需求理论及社会保障思想可以为本书中农民工社会保障的劳动力市场需求效应创新性研究提供理论依据。根据福利经济学的社会保障思想，收入分配均等化有利于增进社会福利，政府应该充分发挥

[①] 迈克尔·P·托达罗. 经济发展[M]. 北京：中国经济出版社，1999：249.

对收入分配进行调节的积极作用。按照福利经济理论中边际收入效用递减规律，社会保障制度的完善有助于全社会福利的增加，改变弱势群体社会保障权益缺失的状况，而政府通过社会保障收入分配机制可以对资源进行优化配置，提高社会成员收入效用整体水平，实现帕累托最优。这些经典理论均为本书的研究提供了理论依据。

最后，需要指出的是：现代社会保障制度是在解决工业化给产业工人所带来的经济社会风险问题的过程中逐步建立起来的，发达国家社会保障制度发展至现阶段，表现出了广覆盖、多支柱和高水平的国民保障特征。在世界各国工业化和城镇化的进程中，乡城迁移劳动力社会保障问题的产生涉及诸多的历史因素和现实因素。由于国情和所处历史阶段的不同，中国农民工社会保障问题产生的制度性成因及表现形式等都具有独特性。因此，在现有国外文献中，乡城迁移劳动力社会保障问题的制度性成因相关研究是极度缺乏的，而从社会保障与劳动力市场互动关系视角出发对劳动力迁移进行研究的文献也十分少见。

2.2 国内相关文献综述

2.2.1 农民工社会保障现状研究

为了准确了解农民工社会保障现状，一些专家和学者主要通过实地调查和问卷分析对农民工参保率水平、保障项目、社保转移接续、农民工自身社会保障需求意愿、农民工社会保障地区实践情况等方面进行研究，积累了一定的研究成果。例如，胡务、张伟（2005）两位学者曾对农民工养老保险、医疗保险、失业保险、工伤保险和生育保险等项目的具体参保情况进行了调研，结果表明农民工参保率不高，其中，养老保险参保率为33.7%，工伤、失业、医疗和生育保险等其他项目参保率分别为31.8%、10.3%、21.6%和5.5%，两位学者又进一步从企业补充保险、职工互助合作保险和商业保险多个角度对农民工参保情况进行了考察，调查结果显示，3个项目参保率分别为2.9%、3.1%和5.6%[①]。学者韩淑娟的研究（2009）披露了2007年在山西省就业的农民工社会保障情况[②]，反映出当年山西就业农民工养老、医疗、工伤、失业和生育保险各项目参保率均较低，最高参保率项目为工伤保险，但仍没有超过30%。刘洪彬（2005）对转型期农民工社会保障问题进行了分析，重点从养老保障项目入手，研究结果显示出：各地区农民工养老保险参保率均不高，温州参保率为3.4%，重庆参保率为8.6%，湖南省农民工养老保险参保率不足7%，合肥市不足1%[③]。吉林大学景跃军教授等学者（景跃军等，2011）则从多个城市农民工社会保障参加意愿和社会保障项目需求的紧迫程度等不同角度进行了对比分析，调查范围涉及长春、苏州、深圳、成都和北京5个城市，该研究指出[④]：现阶段农民工最担心的是"生活困难"和"无钱供孩子上学"，长春地区农民工在这两个方面的保障需求程度比其他地区更高，反映出农民工在生活困难时从当地政府尤其是社会保障部门获得的帮助很少，农民工社会救助和公共服务政策还需进一步完善，这方面仍然是当前农民工社会保障重点应突破的薄弱环节。

顾燕新（2013）认为，相对于城镇职工，农民工参加的社会保险项目较少，主要以医疗保险为主，失业保险次之，养老保险最少，同时参加3个及以上保险项目的农民工所占比例很低[⑤]，而城镇职工一般至少参加养老、医疗、工伤等几个险种，在正规部门，城镇职工可以参加5个社会保险险种。因此，从农民工社会保障参与项目来看，"五险一金"式全方位社会保障模式"无疑是一种奢侈"[⑥]（韩福国等，2013）。顾燕新还指出，社会保险关系接续难，住房、子女教育等社会福利待遇欠缺，农民工救助

[①] 胡务，张伟. 成都农民工综合社会保险研究［J］. 农村经济. 2005（2）：73-76.
[②] 韩淑娟. 农民工社会保障缺失的制度因素研究［J］. 山西师大学报（社会科学版）. 2009（5）：46-50.
[③] 刘洪斌. 社会转型中农民工社会保障问题探析［J］. 河南工业大学学报（社会科学版）. 2005（3）：8-10.
[④] 景跃军，高月和高双. 长春市农民工社会保障状况调查分析［J］. 东北师大学报（哲学社会科学版）. 2011（1）：69-72.
[⑤] 顾燕新. 论农民工社会保障的路径选择和政策建议［J］. 湖北广播电视大学学报. 2013（10）：70-71.
[⑥] 韩福国，孙颖，许小丹. 人口流动视野下的现代城市公共安全建构——基于"新兴产业工人"对开放式城市治理结构的需求分析［J］. 甘肃行政学院学报. 2013（1）：25-33.

机制不健全等问题也是农民工社会保障现状集中体现。

宗成峰、陈禄青、刘丽敏等学者对农民工社会保障现状也进行了实证分析，可以为农民工社会保障政策设计提供数据支持。宗成峰（2008）以北京市部分城区农民工为调查对象，调研结果显示：大部分农民工没有参加社会保险，而农民工社会保障需求具有多样化特点，农民工根据自身特点和实际情况对社会保险项目进行选择，按照保险项目的需求程度，选择顺序依次为：①医疗保险；②工伤保险；③养老保险；④失业保险；⑤商业保险[1]。陈禄青（2010）对广西外出农民工进行了问卷调查，侧重从农民工参保情况与农民工就业签约比例、劳动技能水平、职业资格证书持有比例等方面进行关联分析，并提出了改善农民工社会保障现状的若干建议[2]。刘丽敏（2010）对小时工的生活状况进行了现象学分析，对青年农民工社会保障观形成的内在机理进行了阐述，指出中国农民工具有内向型的社会保障观，往往在生活困难和工作不顺时，倾向于自己解决问题、寻求出路而不是借助外部帮助[3]。

2.2.2 农民工社会保障权益缺失的原因

中国农民工社会保障覆盖面窄、发展缓慢，社会保障权益严重缺失等现状有着复杂的社会经济背景，既有农民工收入水平低、就业流动性大、工作难度大的客观因素，也有政策不健全、制度适应性差的体制性原因，有关专家、学者对这一问题给予了高度关注。例如，谭婉（2007）指出农民工社会保障制度具有社会准公共需要属性，兼有个人需要和社会需要属性，从公共财政角度来看，政府财政投入不足、财政支出结构不合理、社会保障基金管理方式存在问题等原因使农民工社会保障制度顺利推行受到

---

[1] 宗成峰. 城市农民工社会保障问题的实证研究——以对北京市部分城区农民工的调查为例 [J]. 城市问题, 2008（3）: 65-68.
[2] 陈禄青. 广西外出农民工社会保障状况调查及研究 [J]. 安徽农业科学, 2010（30）: 17275-17278.
[3] 刘丽敏. 我国青年农民工群体的社会保障观及其实践——对小时工生活世界现象的社会学分析 [J]. 中国青年政治学院学报, 2010（3）: 120-124.

影响①。

杨斌等学者（2008）认为，从当前农民工社会保障现状考察，农民工社会保障权益得不到有效地保证和落实的主要原因包括：观念认识的障碍、"城乡二元"经济社会结构及其衍生制度的阻隔、法律制度的障碍和利益表达渠道不顺畅等②。

成华威和崔永军（2006）的研究表明，社会排斥是造成当前农民工社会保障制度建设进展缓慢的主要原因③。农民工具有特殊的社会身份，特殊之处有3点：①职业身份特殊，农民工主要在非正规就业或灵活就业领域工作；②户籍身份决定了大部分城里人把他们仍视为农民；③社会保障身份。农民工在城市生活和工作可能面临着各种风险和困难，在很多情况下，农民工主要靠自己和有限的关系网络来加以解决。文章最后指出，不仅要消除城市居民和农民工的"文化隔阂"，而且要积极建立符合农民工保障需求特点的制度化保障项目以应对制度排斥。

王继云（2012）以新生代农民工为研究对象，认为改革开放以来，为数众多的新生代农民工进入城市谋求生存和发展，对原有城市社会保障体系形成了一定的冲击，而新生代农民工社会保障权益仍然没有改观，与第一代农民工相比，在一定程度上反而越来越严重，新生代农民工社会保障现状不容乐观，并针对此种情况分析了原因，例如，现行社会保障制度不适应新生代农民工频繁流动的工作状态，企业不重视新生代农民工社会保障权益维护而仅仅考虑成本效益，劳动合同签约率低影响了新生代农民工实现应有的劳动权益等，最后提出了若干建议④。

杨桂宏（2005）针对农民工社会保障缺失问题，提出：二元社会保障体制惯性运行、滞后的社会保障观念和农民工就业歧视等因素是阻碍城乡一体化社会保障制度建立的深层次原因，这些问题不能够有效解决必将影

---

① 谭婉. 农民工社会保障问题探析——一个公共财政的观点 [J]. 社会科学家，2007 (S2)：40-41.
② 杨斌，汪洋，殷建华，马力，冯玉瑶. 农民工社会保障制度的反思与重构 [J]. 贵州农业科学，2008 (1)：149-153.
③ 成华威，崔永军. 农民工社会保障中的社会排斥 [J]. 社会科学辑刊，2006 (6)：89-92.
④ 王继云. 新生代农民工社会保障现状成因及对策分析 [J]. 咸宁学院学报，2012 (7)：20-22.

响城乡一体化的进程①。

杨端（2004）指出，改革开放前的很长时期里，中国选择了非均衡的城乡经济发展路径，在工业化进程中，形成了以牺牲农民利益为代价、歧视农民的政策，这使得社会保障权益保护也表现出惯性运行特征，至于统一社会保障制度没有出台②。

2.2.3 解决农民工社会保障问题的基本思路

近十几年间，国内经济学界、社会学界的知名专家和学者针对农民工社会保障问题先后提出了各自观点，这些观点为农民工社会保障制度设计提供了基本思路，具有一定的参考价值。例如，著名社会保障专家郑功成教授（2002）将农民工分为两类：一类是在城市有固定工作的农民工；另一类是流动性较大、工作经常处于变动的农民工。进而指出：针对不同的农民工，应该提供可以选择的养老保障方案，并将这些方案设计成政策在全国范围内推广③。该思路旨在针对农民工群体日益分化的事实，结合具体情况，构建适合农民工自身就业特点的养老保障解决方案，形成一个多方案的政策组合，有效解决制度供给单一性和农民工社会保障需求差异化之间的矛盾。而梁平、张春利（2007）两位学者则是从农民工群体市民化角度展开分析，指出了：农民工群体具有复杂性和结构性的双重特点，对于市民化的农民工来说，应该将这部分农民工纳入城镇职工社会保障体系，按照现行城镇职工养老、医疗、工伤、失业和生育社会保险办法缴费参保；对于没有进城落户的非市民化农民工则应灵活处理，实行个人账户为主、社会统筹为辅的参保办法④。

以李迎生教授、朱玲教授、曹信邦教授等专家、学者为代表，主张逐步将农民工纳入城镇社会保障体系，有序推进城乡一体化进程。李迎生教授（2002）认为，部分农民工已经在城镇工作和居住多年，逐步完成了职

---

① 杨桂宏. 农民工社会保障缺失的深层原因分析［J］. 中国农业大学学报（社会科学版），2005（3）：20-24.
② 杨端. 农民工社会保障缺失的原因分析［J］. 中国劳动，2004（6）：15-16.
③ 郑功成. 农民工的权益与社会保障［J］. 中国党政干部论坛. 2002（8）：22-24.
④ 梁平，张春利. 我国农民工社会养老保障模式探析［J］. 安徽农业科学，2007（22）：6929-6930.

业转换，和城镇职工一样，应该按照同一办法满足农民工社会保障需求，最终完成城乡一体化，如果在农民工已经脱离农村的情况下，由农民工回迁出地按照农村社会保障办法进行缴费，会给当地管理机构和农民工本人带来许多不便①。而朱玲教授（2002）则指出非农职业和非农就业收入是形成现代社会保险体制的基础，解决农民工社会保障问题的逻辑起点是农民工非农就业属性，因此，理应逐步把农民工纳入城镇社会保障制度体系中，而且这一过程具有渐进性②。曹信邦教授（2005）也认为现阶段农民工养老保险问题应纳入城镇职工养老保险体系中加以解决，该研究成果侧重从农民工养老保险具体操作和政府监管角度进行分析③。其他学者，如张启春（2003）、周毕芬（2004）、阚春萍（2004）等，都对农民工应纳入城镇职工社会保障体系这一观点表示肯定，并认为农民工纳入城镇职工社会保障体系是实现全国劳动力市场一体化、打破城乡二元经济结构和实现城乡一体化发展的内在要求，具有必然性④⑤。

华迎放（2005）认为，为了使社会保障制度适应农民工自身特点，现阶段还是应专门为农民工单独设计具有实效性的社会保障政策，根据农民工就业状况不同，制度模式选择应适合农民工亚群体特点⑥。罗遐（2003）则认为现阶段农民工群体具有过渡性，为了有利于城乡社会保障体系衔接，应该设置制度缓冲地带，因此，要单独设置农民工社会保障制度⑦。

还有的学者认为，解决农民工社会保障问题最终还是要纳入到输出地农村社会保障体系中，学者杨立雄（2004）就持有这种观点⑧，主要理由是：如果建立单独的农民工社会保障体系，那么城镇职工社会保障体系、

---

① 李迎生. 以城乡整合为目标 推进我国社会保障体系的改革 [J]. 社会科学研究，2002 (1)：117 - 120.
② 朱玲. 改善资源分配，增强贫困人口就业能力 [J]. 国际经济评论，2002 (Z2)：52 - 55.
③ 曹信邦. 农民工养老社会保险制度研究 [J]. 理论探讨，2005 (3)：30 - 32.
④ 张启春. 谈谈进城务工人员的社会保障问题 [J]. 江汉论坛，2003 (4)：117 - 120.
⑤ 周毕芬，阚春萍. 农民工：城市社会保障系统应该覆盖的对象 [J]. 喀什师范学院学报，2004 (5)：12 - 14.
⑥ 华迎放. 农民工社会保障模式选择 [J]. 中国劳动，2005 (5)：20 - 23.
⑦ 罗遐. 农民工社会保障问题研究——基于苏皖四村的一项实地调查 [Z]. 中国优秀博硕士学位论文数据库，2003.
⑧ 杨立雄. "进城"还是"回乡"——进城务工农民社会保障政策的路径选择 [J]. 中国社会保障，2004 (2)：25 - 26.

农村社会保障体系和单独设立的农民工社会保障体系共同组成三元社会保障体制,这必然加剧福利体制分割局面,而农民工由于纳入单独设置的社会保障体系中,会形成所谓的农民工阶层,会带来新的、更大的歧视。该学者进一步分析认为,将农民工纳入城镇社会保障体系中,会形成对城镇居民的不公平,主要是因为农民工在农村拥有土地使用权,纳入城镇保障体系而同时享有土地保障,产生了新的不公平。按照这种分析思路,学者杨立雄认为,将农民工最终纳入农村社会保障体系成为唯一选择。

农民工高度流动性必然要求社会保险关系能够在不同的统筹区域间顺利转移接续,围绕这个议题,一些专家、学者提出了相应的解决思路。例如,褚福灵教授(2008)认为,农民工劳务输出地和输入地之间存在社会保障利益冲突,建议富裕地区要为贫困地区作出利益上的牺牲,农民工劳务输入地要为劳务输出地区在利益上作出牺牲,而一般情况下,劳务输入地相对比较富裕而且处于东部地区,而农民工劳务输出地经济发展相对落后,因此,需要构建一种协调机制,解决社保接续问题[①]。杨宜勇教授等学者(2009)则认为,要逐步提高统筹层次,由中央财政直接管理统筹基金,消除农民工跨统筹区转移就业时不转移统筹基金所带来的弊端[②]。

学者肖云、杜毅(2008)通过深入研究,明确了存在于农民工社会保障领域的十大矛盾,提出了针对农民工二次分化现状,应实行分层分类保障的具体思路。同时指出,现有的制度设计主要集中在社会保险项目上,而对农民工社会救助、社会福利等非缴费保障项目关注不够,造成供给结构性失衡[③]。

2.2.4 基本公共服务均等化研究

基本公共服务均等化是国家根据相关法律和法规,为保障全体社会成员实现其基本社会权利和享有基础性的福利待遇,向全体社会成员均等地

---

① 褚福灵. 社会保险关系转续"一卡通"研究[J]. 北京劳动保障职业学院学报,2008(2):3-5.
② 杨宜勇,辛小柏和谭永生等. 全国统一的社会保险关系转续办法研究[J]. 中国劳动,2009(2):17-20.
③ 肖云,杜毅. 农民工社会保障十大矛盾分析[J]. 南京社会科学,2008(5):86-90.

提供公共服务。从公民权利的性质来看，基本公共服务是指具有公民基本权利性质的公共服务，任何人不能因为地域差异、阶层差异、职业差异、身份差异和其他客观因素的差别而被剥夺的一项权利。尽管国内学术界就基本公共服务均等化问题尚未形成统一的认识，但从不同角度都对这一问题进行过阐述，形成了一些具有代表性的观点，可以为本书提供理论依据。

1. 从"均等化"的内涵和标准角度分析

唐钧（2006）、贾康（2007）和项继权（2008）提出了基本公共服务均等化的"保底说"，按照该理论观点，区域间、不同人群间基本公共服务的确存在"不均等"的现象，政府应承担托底责任，把这种差距控制在合理范围内并逐步缩小这种差距，而基本公共服务的均等正是从这个底线出发来界定的，即人与人之间都应享有不低于其他人或社会最低标准的公共服务[1][2][3]。刘尚希（2007）从机会均等角度分析基本公共服务均等化问题，认为，均等化的本质是通过某一个层面的结果平等来达到机会均等，公民不因为性别、年龄、民族、地域、户籍而受到不同的待遇[4]。这里的结果平等指的是政府间应平衡公共服务供给能力，使各地区居民享有均等化的公共服务，进而各地区居民在消费风险方面大致相当或水平相同，有同样的条件和机会实现消费水平趋同。机会均等并不排斥公众对政府所提供公共服务的自由选择权。王莹（2008）对基本公共服务均等化和差异性公共服务均等化进行了阐释[5]，认为公共服务之所以存在"基本"特性，主要在于这些公共服务对社会成员的生存和发展具有基础性作用。公共服务的"差异性"是指不同社会成员在公共服务需求方面存在异质性，这种差异可能是由于地区间经济发展水平、文化因素、文教和科技事业状况等方面存在差距所造成的。差异性公共服务如果按照同质、等量原则进行供

---

[1] 唐钧. 改善低收入群体收入的社会政策［J］. 中国劳动，2006（9）：16-18.

[2] 贾康. 公共服务均等化应积极推进，但不能急于求成［J］. 审计与理财，2007（8）：5-6.

[3] 项继权. 基本公共服务均等化：政策目标与制度保障［J］. 华中师范大学学报（人文社会科学版），2008（1）：2-9.

[4] 刘尚希. 基本公共服务均等化：现实要求和政策路径［J］. 浙江经济，2007（13）：24-27.

[5] 王莹. 基本公共服务均等化的理念透视［J］. 中国市场，2008（3）：90-91.

给,将会因为偏离消费者偏好而产生效率损失,因此,差异性公共服务均等化的判断标准是效用最大化。从上述理论分析可以看出,基本公共服务均等化要求政府从制度上、财力上确保本地区社会成员有机会、有能力、有权利享受各种基本公共服务,无论是外来务工人员还是本地区居民,每一位社会成员都有机会接近基本公共服务,有权利纳入该地区基本公共服务体系。

2. 基本公共服务均等化现状和存在的问题

国内学者在对基本公共服务均等化的现状进行考察后,一般认为,我国基本公共服务存在显著的地区差异、服务能力差异和服务水平差异,主要呈现出城乡非均等化和区域非均等化的格局,实际上,群体间基本公共服务的非均等化也是比较突出的问题,例如,与城市居民相对比,进城农民工在公共就业服务、社会救济、社会保险、住房保障、子女义务教育等方面均存在不同程度的差别待遇。城乡基本公共服务非均等化主要表现在城乡教育经费比例、每千人拥有的卫生技术人员、社会保障覆盖率、城乡医疗卫生服务的距离可及性、人均卫生经费、人均教育经费、养老福利设施资源分布等方面,城乡差距明显、问题亟待解决。一些公共财政领域的专家对基本公共服务总体供求格局进行了研究(安体富,2007;夏杰长,2007)[1][2],比较分析了国家间基本公共服务占财政支出的结构状况,结果表明:我国政府在义务教育、公共卫生、社会保障和社会福利等公共服务领域缺位,而且城乡间具有非均衡性。区域间基本公共服务非均等化也是客观存在的事实,这主要表现在:东西差异和南北差异。例如,李雪萍、刘志昌两位学者(2008)以地区间社会保障差异为视角,利用社会保障人均财政支出、参保人数、低保人数、低保金发放指数等指标,对东部、中部和西部三大区域的基本公共服务均等化状况进行了比较系统的研究,结论是:基本公共服务在东部、中部和西部之间存在非均等化特征[3]。

3. 存在多种原因造成现阶段我国基本公共服务非均等化

---

[1] 安体富. 完善公共财政制度,逐步实现公共服务均等化[J]. 东北师范大学学报,2007(3):88-93.

[2] 夏杰长. 提高基本公共服务供给水平的政策思路:基于公共财政视角下的分析[J]. 经济与管理,2007(1):5-11.

[3] 李雪萍、刘志昌. 基本公共服务均等化的区域对比与城乡比较——以社会保障为例[J]. 华中师范大学学报(人文社会科学版),2008(3):18-25.

一般来说，城乡二元经济结构是造成现阶段我国基本公共服务非均等化的主要原因。由于我国公共产品和服务的供给一直实行城市偏向的非均衡体制，资金在城乡之间投入不均衡，公共产品供给的成本和收益分享不对称，例如，农村公共产品供给薄弱，农村居民收益不多，公共品供给明显不足，而城市偏向发展战略使城市居民在教育、医疗、社会保障等方面受益较多，户籍制度又进一步固化了这种公共服务收益分配的非均衡格局。除此之外，地区间经济发展水平差异、财政收支能力、转移支付制度和多年来形成的城乡分割政府治理体制等原因也是造成基本公共服务非均等化的重要原因。以转移支付制度为例，中央政府对各地区进行转移支付的资金量主要依据"基数法"进行确定。转移支付中税收返还所占比例较大，因此，以税收返还来说明问题。1994年分税制改革，实行按税种划分收入的办法后，原属地方支柱财源的"两税"收入（增值税的75%和消费税的100%）上划为中央收入，由中央给予税收返还，返还额以各地上划中央"两税"收入增长率为基础逐年递增。税收返还基数的确定方法是将地方消费税收入与增值税收入按照一定比例进行加总，减去原体制下地方已得份额的差额。中央政府要按照此基数全部返还给地方。从横向关系来看，由于各地区的税收返还基数不同，税收返还增长机制明显有利于富裕地区，因而成为助长地区间财力差距不断扩大的重要原因，从而加大了中央对贫困地区转移支付的负担和难度。从转移支付制度原理来说，税收返还实际上是维护地方政府既得利益的"基数法"的延续，而规范的转移支付制度要求逐步过渡到按客观因素测定标准收入和标准支出，也就是依据"因素法"来确定转移资金量。但只要维护既得利益的税收返还存在下去，就不可能完全实现规范的转移支付制度，由此可见，现行转移支付制度存在的缺陷不利于缩小地区差距，基本公共服务供给地区间不平衡性也没有得到缓解。此外，从财政支出结构角度来看，有限的财政资金主要投放在经济建设领域，而政府对基本公共服务的投入相对薄弱，这也是产生基本公共服务非均等化的重要原因之一。政绩考核机制与地方政府财政支出结构状况也紧密相关，如果主要以GDP指标对地方各级政府行政官员进行政绩评价，则仍然会产生经济建设财政支出比例过高的问题。

4. 对基本公共服务均等化的实现途径进行分析

基本公共服务均等化的实现是一个动态的、渐进的过程，需要分阶段、有重点、有原则和有步骤地予以推进。因此，就均等化的基本思路而言，理论界提出了五个有代表性的观点。这些观点各有侧重，分别是：贾康（2006）的阶段论[①]、陈海威（2007）的重点论[②]、丁元竹（2008）的步骤论[③]、安体富与任强（2007）的标准提高论[④]和肖建华、刘学之（2005）的原则论[⑤]。

阶段论是指公共服务均等化要经历不同的阶段，每一个阶段均等化的重点、目标和表现是存在差异的。在初级阶段，目标通常是侧重实现区域间公共服务均等化；在中级阶段，目标主要是实现城乡间基本公共服务均等化；在高级阶段，目标就是实现全体社会成员公共服务均等化。

重点论认为，基本公共服务均等化要坚持"政府主导、增加覆盖、注重公平和提高效率"，在保证最基本的生活保障、就业保障、医疗保障和义务教育的基本前提下，重点保护弱势群体，具体政策要向农村、基层、欠发达地区倾斜，注重实现基本公共服务可及性。就具体内容而言，基本公共服务被划分为底线生存服务、公众发展服务、基本环境服务和公共安全服务四个方面。底线生存服务的重点是完善就业政策和社会保障体系上，公众发展服务的重点则是义务教育和医疗卫生服务。基本环境服务要突出公共基础设施建设和加大环境保护力度，公共安全服务则是要重视事关民生安全的药品、食品和社会治安等方面的公共事业。

步骤论的具体思路是：第一步，确定全国基本公共服务范围，明确需要均等化的区域，科学计量实现基本公共服务均等化所需要投入的财力。第二步，逐步完善转移支付机制，实现地方政府间财力均衡，明确各级政府基本公共服务供给责任，稳步提高政府基本公共服务的供给能力。第三步，改革和完善公共服务领域的投融资体制，提高投融资效率和基本公共服务质量。最后，加快城镇化进程，消除城乡体制性分割。

---

① 贾康. 公共财政与社会和谐 [J]. 经济研究参考, 2006 (45): 2-13.
② 陈海威. 中国基本公共服务体系研究 [J]. 科学社会主义, 2007 (3): 98-100.
③ 丁元竹. 促进我国基本公共服务均等化的战略思路和基本对策 [J]. 经济研究参考, 2008 (48): 11-12.
④ 安体富, 任强. 公共服务均等化：理论、问题与对策 [J]. 财贸经济, 2007 (8): 48-53.
⑤ 肖建华, 刘学之. 有限政府与财政服务均等化 [J]. 中央财经大学学报, 2005 (6): 6-10.

标准提高论中的"标准"指的是最低标准、平均标准和相等标准。三个标准对应实现基本公共服务的三个阶段性目标。最低标准是实现保底目标，在此基础上，逐步提高政府供给能力，达到中等水平，这就是平均标准。随着经济发展水平的提高，财力逐渐均衡，此时，基本公共服务实现均等化，这就是相等标准。

原则论提出了基本公共服务均等化的四条基本原则，一是坚持效率和公平相互促进的原则，基本公共服务的供给应以公平为基础，同时要注重效率；二是国家主导和多主体参与原则；三是政府功能和市场机制有机结合原则；四是广覆盖和最低供给原则，既要覆盖全体国民，又要保证诸如教育、公共卫生等基本公共服务供给的底线。

围绕上述理论和观点，实现基本公共服务均等化的应对之策主要有：优化财政支出结构，保障基本公共服务资金投入；加大转移支付力度，完善转移支付机制；建立公共服务为导向的政绩考核体制，科学评价各地区基本公共服务均等化现状；建设服务型政府，完善公共服务信息披露机制；推进收入分配制度改革，缩小收入分配差距；健全基本公共服务的法律法规体系等。

2.2.5 简要评价

农民工社会保障问题逐渐得到理论界的重视，许多学者对此问题进行了探索，形成了一批有价值的学术参考资料，这些成果和文献给本文研究思路提供了非常有益的启迪，本书研究框架的搭建也是以这些专家和学者的劳动成果为基础，经过反复修正而形成的。以基本公共服务均等化理论为例，通过对相关文献进行综述后可知，基本公共服务均等化是一个动态、渐进的过程，其实质在于政府要为全体社会成员生存、发展和提高担负责任，提供基本的公共产品和公共服务，并确保全体公民得到普遍平等的享受，让全体社会成员共享发展成果。推进农民工社会保障制度建设是实现基本公共服务均等化的重要环节，也是有效维护农民工生存权益和发展权益的制度基础。从资源配置角度分析，农民工社会保障不足是城乡福利体制非均衡发展的必然结果，换句话说，农民工社会保障公共品供给和城镇居民社会保障公共品供给是具有显著的差异性。如何有效进行过渡性制度设计，逐步消除农民工和城镇居民的福利差别是摆在我们面前的重要课题，因而，基于制度设计的考虑，基本公共服务均等化相关理论和实践为本文对策研究部分提供了有益思路。需要指出的是：当前及今后一段时期内，在享有就业、住房、教育、医疗和养老等社会保障公共服务方面，农民工相对于城镇居民还是存在一定差距的。因此，完善保障和改善民生的制度安排，必须把农民工群体作为重点，加快发展各项社会保障事业，提升农民工就业质量和人力资本水平，推进基本公共服务均等化，使发展成果惠及广大农民工群体，实现包容性增长的目标。根据我国的现实情况，医疗保障不足、住房保障不到位、随迁子女上学难等是农民工最关心、最直接、最现实的问题，也是基本社会保障公共服务均等化的突破点。

从现有文献来看，国内学者大多都从社会学、公共管理等视角来研究农民工社会保障问题，很少有从经济学角度对这一问题进行深入分析，而从农民工社会保障和劳动力市场实现良性互动，发挥农民工社会保障人力资本效应和迁移效应等视角进行研究的文献则极其少见。现有研究文献对构成农民工社会保障重要组成部分的社会救济很少涉及，而农民工子女教育和住房保障相关公共服务方面的研究更少见。研究在总体上还停留在问题的表面，比较注重现象描述，对现象背后深层次的制度成因缺乏制度经济学视角的审视。从研究文献所涉及的学科来看，利用社会学理论、公共管理理论、社会保障理论自身对农民工社会保障问题进行研究的占绝大多数，很少有文献以经济学基本理论为基础对农民工社会保障问题进行多角度深入分析。

第 3 章

理论基础

3.1 社会支持理论

相对于前工业社会，工业社会属于高风险、人员高流动和高度竞争的社会。社会竞争中的弱者极易因为生活风险处于经济无保障的状况，这些社会弱者的生活风险如果长期累积就会构成危及社会稳定、影响社会发展的巨大隐患。正是从这一角度出发，现代社会学提出了社会支持理论。现代社会学重新界定了以社会互助关系为核心内容的社会支持概念，即通过构建社会网络关系对社会弱势群体，即社会生活有困难者所提供的救助和服务。这种救助和服务既涉及家庭内外的供养和维系，也涉及各种正式与非正式的支持和帮助[1]。按照社会支持理论，有效的社会支持系统既包括正式的社会支持系统，例如，社会保障制度；也包括非正式的社会支持关系网络，例如，社区组织。完善和高效的社会支持系统对于每一个社会成员尤其是弱势群体的生存和发展至关重要，而且随着人类进入工业化社会，社会保障制度这一正式的社会支持系统在经济社会发展进程中的作用日益凸显出来。具体体现在：工业化给整个社会带来了现实的危机，到了工业社会，大机器作业产生的工伤事故、疾病和老龄化，以及结构性的失

---

[1] 王卫平，郭强. 社会救助学 [M]. 北京：群言出版社，2007：40 - 50.

业，都可能将人们打入无以为生的境地，工业发展造成的工人阶级的贫困化以及工人运动的兴起，使统治者认识到，工业化社会带来的老、伤、病、失业等问题不可能继续通过传统的家庭纽带、教会、行会和慈善机构提供服务而得到妥善的解决，应当以制度化、规范化的方式来应对，而社会保障制度正是为了应对工业社会的风险所产生的，即现代社会保障制度是工业化革命和社会化大生产的产物。

社会支持理论可以为社会保障制度的产生与发展提供科学的理论依据，其基本要点包括[①]：

1. 社会保障与社会支持的外延是包含关系

在现代社会科学的语境中，社会保障的内涵较大，外延较小；而社会支持的内涵较小，外延较大。但两者之间的外延是密切相关的。可以说，"社会支持"概念所指涉的对象涵盖了全部的"社会保障"概念的外延。社会保障从受益者个体的角度看，是一种物质支持，他（或她）会将其视为社会支持的一种形式与其他形式的社会支持（信息支持、情感支持、工具支持等）共同构成了社会支持网。因此，社会支持的外延集合里包含了社会保障。

2. 社会保障源于传统社会支持体系的解体

按照科尔曼的理论，社会保障源于"人工创建的社会组织"（如企业和政府）替代"原始性社会组织"（如家庭和社区）行使对个体的经济的保护职能的产物。工业革命前的原始性社会组织能为自然人提供一种基于人际间的亲缘关系和信任关系基础上的社会资本，这种社会资本具有经济保障和社会支持的功能；而在现代社会中，随着原始性社会组织的逐渐衰落，旧有的社会资本不断受到侵蚀，个体的经济安全也面临危险。因此，在现代社会组织中，急需一种传统社会支持体系的替代物，这种替代物，在科尔曼看来，就是"人工创建的社会组织"，它们正在行使许多原来由家庭和社区行使的职能；而政府就是这样一种"人工创建的社会组织"，当政府成为这种社会支持职能的替代物时，便产生了社会保障。因此，社会保障是替代传统社会组织承担社会支持职能的产物。

3. 社会保障是现代社会支持体系构建的基础

按照"工业制度分析法"的思路，社会保障是市场经济和社会化大生产

---

① 梁君林，汪朝霞. 社会保障理论［M］. 安徽：合肥工业大学出版社，2011：225-240.

的产物。在社会大生产的条件下,企业这种人工创建的组织替代家庭成为社会生产的基本单位,原来附着在家庭生产过程中的传统社会支持体系也就逐渐解体。早先由家庭所承担的部分保护职能转由工人自发形成的互助组织承担,如英国的"友谊社""合作社""信托储蓄银行"等。这些互助组织通常被看作是社会保障的雏形,但与社会保障有着本质的区别。这些互助组织存在的基础是成员之间的信任关系,而社会保障存在的基础是政府的强制权力。以政府强制力为基础的社会保障(准确说是物质支持网)构建,是现代社会重建社会支持体系的一个基础,这是因为现代社会已经不再是"熟人社会",而是"陌生人社会"。按照迪尔凯姆的理论,在现代社会中以熟人之间的情感为基础的机械团结已经难以维系,建立在社会分工和相互依赖基础之上的有机团结,成为实现社会整合的主要形式,而恢复性法律是维护有机团结的重要力量。恢复性法律的目的在于维持或保护社会中各种专门化了的个人和社会群体之间相互依赖的复杂模式。社会保障法正是一项恢复性法律,它在重建现代社会支持体系,维护社会团结中发挥着基础性作用。

4. 社会保障与社会支持的功能互补

以政府强制力推行的社会保障可以补救传统社会解体所造成的个体物质经济支持体系的缺失,但不足于补救其社会资本的缺失。社会保障能够为社会成员提供的主要是规则性的、规范化的物质支持网,它对社会成员的安全预期无疑起着基础性的作用,但是它不能取代个体在自发性的组织或原始性的组织中所感受或体验到的亲密关系和信任关系。在社会保障关系中的参与者所能体验到的基本上是个体与制度规则之间的关系;而在社会支持网中的个体所能体验到的是人与人之间的友爱和友谊。如果说参加社会保障体系中的个体拥有了一份具有财产所有权属性的物质资产,那么处于社会支持网中的个体则拥有了一份以社会关爱和信任为基础的社会资本;两者间是互补关系,而不是替代关系。

3.2 制度关联理论

制度关联包括历时关联和共时关联。前者是指一种新制度的形成总会或多或少受到旧有制度的影响即存在路径依赖,而后者指的是同一时间不同制度间的关联。制度的历时关联表明了制度的演进不能脱离历史；而制度的共时关联则表明了在一种"域"内形成某种决策均衡时，这种均衡会作为参数对另一"域"内的参与人决策均衡产生影响。制度的共时关联和历时关联说明了制度间存在互补性，互补性要求制度变迁主体进行制度设计或制度变迁时，抓住关键性制度作为突破口，发挥多米诺骨牌效应对非均衡制度进行变迁，逐步达到制度的理想模式。制度关联特性决定了制度变迁具有渐进性和长期性，需要厘清制度之间的关联特性，有针对性地提出制度变迁路径。

3.2.1 路径依赖与制度变迁的历时关联

路径依赖（Path Dependence）最初是在对技术和经济制度变迁的分析中发现的，其后用于对政治制度的分析。路径依赖的特定含义是指人类社会中技术演进或制度变迁均有类似于物理学中的惯性，即一旦进入某一路径（无论是"好"还是"坏"）就有可能对这种路径产生依赖。按照威特（Witt）的观点，路径依赖是指具有正反馈机制的随机非线性动态系统存在的某种不可逆转的自我强化趋向，该系统一旦为某种偶然性事件所影响，就会沿着固定的轨迹一直演化下去，即使有更好的替代选择，演化路径也很难改变。

路径依赖问题首先由保罗·大卫在1985年提出，尔后马兰·阿瑟（1988）在此基础上进一步发展，形成了技术演进中的路径依赖的系统思想[①]，后来道格拉斯·诺斯将前人有关这方面的思想拓展到社会制度演化领域，从而建立起制度演化的路径依赖理论。

结合技术演进过程，阿瑟深入地分析了自我强化机制，进一步明确了路径依赖的性质。阿瑟认为，随着新技术的应用，报酬递增效应和自我强化机制会逐步显现出来。

诺斯（1990）创造性地将阿瑟关于自我强化机制和路径依赖性质的论证推广到制度经济研究中，由此形成了制度演化的路径依赖思想[②]。这一思想及相关理论丰富和发展了新制度经济学的研究内容，具体包括：

---

① 卢现祥. 西方新制度经济学（修订版）[M]. 北京：中国发展出版社，2003：88-89.
② 诺斯. 制度、制度变迁和经济绩效[M]. 上海：上海三联书店，1990：11-13.

第一,制度演化存在着报酬递增和自我强化机制。这使制度演化一旦走上了某一条路径,它的既定方向会在以后的发展中得到自强化。所以,人们过去做出的选择决定了他们现在可能的选择。沿着既定的路径,经济和政治制度的变迁可能进入良性循环的轨道,迅速优化;也可能顺着原来的错误路径往下滑,弄得不好,它还会被锁定在某种无效率的状态之下。一旦进入了锁定状态,要脱身而出就会变得十分困难,往往需要借助外部效应,引入外生变量或依靠政权的变化,才能实现对原有方向的扭转。

第二,制度演化除了受报酬递增机制决定外,还受市场中的交易因素影响。诺斯指出,决定制度演化路径依赖的动力机制来源于两个方面:一方面是报酬递增;另一方面是由显著的交易费用所确定的不完全市场。如果没有报酬递增和不完全市场,制度就是不重要的,因为报酬递减和市场竞争会使制度选择的初始错误得到纠正。但是,由于制度创立和运行过程中制度矩阵力量的存在,它们不可避免地要产生报酬递增效应,这种制度矩阵力量表现在:①制度初始建立时的沉没成本的作用。设计一项制度需要大量的初始设置成本,而随着这项制度的推进,单位成本和追加成本都会下降。②学习效应。随着技术的流行和推广,人们会逐步改进产品或降低成本;适应制度而产生的组织也会抓住制度框架提供的获利机会,制度运行成本也会随着时间的延伸和制度的不断自我完善而下降。③协作效应。制度运行过程中将引起利益主体之间的相互配合,从而产生合作利益,进而引发具有互利性的组织的产生和对制度的进一步投资;不仅如此,更为重要的是,一项正式制度的产生将导致其他正式制度以及一系列非正式制度的产生,以补充这项正式制度并成为进一步制度创新的牵制力量。④适应性预期。随着以特定制度为基础的契约盛行,将减少因制度创新而形成的不确定性,使社会个体形成对该制度的信心不断增强的心里预期。总之,制度矩阵的相互联系网络会产生大量的递增报酬,而递增的报酬又使特定制度的轨迹保持下去,从而决定长期运行的轨迹。

第三,行为者的观念以及由此而形成的主观抉择在制度演化中起着更为关键的作用。诺斯认为,在具有不同的历史和结果的不完全反馈下,行为者将具有不同的主观主义模型,因而会做出不同的政策选择,因此,制度演化过程中,边际调整就不会完全趋同。所以,不同历史条件下形成的行为者的不同的主观抉择，既是各种制度模式存在差异的重要因素，也是不良制度或经济贫困国家能够长期存在的原因之一。

与诺斯等新制度经济学家主要将制度演化中路径依赖的原因归为规模递增或网络外在性等技术性因素不同，演化博弈论制度经济学家青木昌彦则将路径依赖的原因主要归结为博弈参与人整体预期（共有信念）的稳定性。他认为：①由于制度是参与人关于博弈重复进行的方式的共有信念系统，它作为共有信念面对环境的微小而连续的变化是稳固和耐久的。②制度以特定的方式根据参与人的物质和人力资本的情况而赋予他们不同的内在价值；作为反应，参与人沿着增加其价值的方向积累资产和发展潜能，反过来又支持了制度的扩大再生产。③从现存制度获益较多的参与人拥有维持现状的资源和能力，而在另一种制度下可能获益的参与人也许缺乏实现这种潜在利益的政治权力和技能。④各种制度的关联性将使得制度很难以渐进方式发生变化；各种博弈域之间的共时性关联方式可以由他们自身创造的外在性所维系；社会交换域的博弈形式由于变化缓慢，它将非常稳固地和其他域嵌合在一起。

根据路径依赖和制度变迁的历时关联理论，社会保障制度改革方式和路径必然会受到原有社会保障制度的重要影响；现有的社会保障制度及其存在的问题也多与传统社会保障制度及其变革的方式和路径有关。

3.2.2 关联博弈与社会保障制度演化的共时关联

青木昌彦（2001）将制度分析的基本单元称为"博弈域"，它是"由参与人集合和每个参与人在随后各个时期所面临的技术上可行的行动集组成，参与人可以是自然人，也可以是组织"[①]。青木昌彦的博弈域涉及六种类型：共用资源、交易（经济交换）、组织、社会交换、政体和一般性组织领域。

现实社会交往中的参与人并非是纯粹的一种域内的博弈参与人，如果我们从策略互动的具体参与人中选取某个特定集合，他们因具有多个域的特征，有时不容易恰好归入某个域类型。例如，社会保险中的参与人集合

---

① 青木昌彦. 比较制度分析 [M]. 上海：上海远东出版社，2001：7-18.

就可以归为交易域、公用资源域、政治域和社会交换域等多种博弈类型。因此，现实中不同类型的域与域之间是相互关联的，经济是由不同域——公用资源、经济和社会交换、组织和政治——的混合体组成的，基于强制性收入再分配的社会保障也是由不同域的混合体组成的。对于同一外生性博弈规则，多重制度可能共存于每一个域之中；而且，制度因为参与人决策的关联性可能跨域演化，这种现象被称为关联博弈。社会保障制度的演化是社会保障制度变迁的实质。青木昌彦探索性地运用博弈论表述了制度变迁问题，他坚信，建立在博弈论上是思考框架最适合用来分析社会科学问题，制度变迁是"沿着博弈均衡点演进"。制度变迁实质上是一个复杂的动态非均衡过程，制度变迁的路径只能是制度边际上实现创新的演化。制度变迁路径的选择是在"同时前进与后退"中完成的。先要连续的变化和新奇，然后才能达到"不变""既定"的目标。制度变迁之所以有上述特征是源于整体性制度安排所固有的关联性，包括共时性制度化关联和历时性制度化关联（详见上文中有关"路径依赖"的分析）。

　　社会保障制度演化具有共时关联特性。青木昌彦区分了共时性制度化关联的两者类型：第一种博弈关联的情形是，人们在不同域协调其策略，结果产生的制度是人们单独在不同的域分别做决策所不能导致的。这种关联可以创造一定的正外部性，使所有或部分参与人从中获益，从而促进这种关联的延续，第二种制度化关联的情形是，人们因决策空间或认知程度有限，或其他原因，无法在不同域协调其策略决策，但其决策在参数上受到其他域流行的决策规则（制度）的影响，其结果是制度之间跨域的相互依存关系即所谓的制度互补性有可能随之出现。

　　以社会保障制度演化中的第一种博弈关联情形为例来说明。例如，雇主集体和劳工集团之间的博弈至少涉及了经济交换域（劳动力市场交易域）和政治域。如果劳工集团的组织化程度和政治影响力较弱，他们就不得不单独在劳动力市场交易域同雇主集体进行博弈，博弈均衡的结果则有可能形成微观层面、局部的、受限的、非商品化程度很低的契约型经济保障。美国的职业养老金计划和健康维护组织计划是这种博弈情形的典型形式。美国的普通劳工集团由于其政治影响力较弱，无力通过政治域和交易域的策略协调来改变其在交易域的不利地位，使美国的福利体制远远落后于其他工业化国家。但是，如果劳工集团足够强大（不仅是体现在劳工的工会化程度上，而且更重要的是体现在劳工的组织性和政治影响力上），就能够通过参与政治域中的博弈来影响政府的相关决策，并借助政府的强制权力对交易域中的雇主集团施压，以利于劳工在交易域中的收益。例如，瑞典的劳工集团由于其超强的组织化程度和政治影响力，使其有足够的力量来促使双方（雇主集团和劳工集团）跨域（交易域和政治域）协调策略，因而促成该国宏观层面（全国）的集体协商制度，其福利体制的非商品化程度也很高[①]。

3.3 工资变动的劳动力市场效应理论

劳动经济理论认为工资变动会对劳动需求与供给产生影响。这种影响被称之为工资变动的劳动力市场效应。

3.3.1 工资变动的劳动力市场需求效应理论

工资变动即劳动力这一生产要素的价格变化会导致等成本线的斜率发生改变，从而会使企业对原来的生产要素最优组合重新调整，其调整通过规模效应和替代效应重新实现生产的新的均衡。规模效应又称产出效应，是指在其他条件（尤其是生产技术）一定的情况下，工资率的变化会对企业的生产成本产生影响，进而导致企业扩大或减少生产，而产出规模的变化又会使企业的劳动力需求量发生相应变化。替代效应是指在产量保持不变的前提下，劳动力的相对价格的变化导致的劳动力需求量的变动。在短期，资本是固定不变的，因此不可能有劳动力和资本在生产中的替代发生。但在长期，当工资率下降时，企业将会用变得相对便宜的劳动力替代某些类型的资本。由此可知，企业在长期生产中对工资率变化所做的劳动量的调整要比在短期中更大。换句话说，长期劳动力需求要比短期劳动力需求表现得更富有弹性。

---

① 梁君林，汪朝霞. 社会保障理论 [M]. 安徽：合肥工业大学出版社，2011：364-367.

在规模效应和替代效应的共同作用下,假设其他条件不变,工资率下降使得劳动力需求增加;反之,工资率提高,同样会产生上述两种效应,但作用方向相反,使得劳动力需求减少。

3.3.2 工资变动的劳动力市场供给效应理论

劳动报酬变动对劳动力供给的影响包括收入效应与替代效应两个方面。收入效应是指在工资率不变的情况下,由于收入变化所引起的工作时间的变化。收入效应的存在是由于在闲暇的机会成本不变的条件下,随着收入的增加,人们希望消费更多闲暇。替代效应是指在收入不变的条件下,由于工资率的变化所引起的工作时间的变化。工资率上升意味着闲暇的机会成本的提高,人们会用工作来替代闲暇。实际上工资率上升既意味着收入的增加也意味着闲暇机会成本的提高,所以工资率上升同时具有收入效应和替代效应。由于收入效应和替代效应对劳动力供给影响的方向不同,工资率上升对劳动力供给的影响就取决于两种效应的对比,当收入效应大于替代效应时,工资率上升会减少劳动供给;反之则会增加劳动供给。

3.3.3 效率工资理论

效率工资理论的基本观点是工人的生产率取决于工资率,工资提高会激励工人生产率的提高。当生产率提高带来的收益大于工资提高引起的成本增加时,企业利润反而增加,因此,企业提高工资不一定会减少利润,降低工资也不一定会增加利润。这一工资理论的政策含义在于工资可以作为增加利润的有效手段。

高于市场均衡水平的效率工资会给企业带来成本的压力,如何保障效率工资可以产生高生产率,以弥补工资成本的不断增加呢?目前,对此主要有四种解释[1]:①适用于穷国的效率工资理论。该理论认为,工资影响营养。提高工人工资,工人才吃得起营养更丰富的食物,而健康的工人生

---

[1] 沈琴琴,潘泰萍. 劳动经济学[M]. 北京:中国人民大学出版社,2013:175.

产效率更高。②适用于发达国家的效率工资。该理论认为，高工资减少了工人的流动性。企业向工人支付的工资越高，工人留在企业的激励越大，而选择离职的机会成本越高。企业通过支付高工资减少了离职的频率，而且节省了雇佣和培训新工人的时间和费用。③劳动力的平均素质在很大程度上取决于向雇员所支付的工资。如果企业降低工资，最好的雇员就会流向竞争对手，而留在企业里的是那些没有其他机会的低素质员工。④高工资提高了工人的努力程度。这种理论认为，企业不可能完全监督其雇员的努力程度，为了解决偷懒、怠工等问题，企业必须增加管理人员，但增加管理人员又会提高组织的监督成本，事实上由于监督成本过于高昂，致使许多监督措施终因得不偿失而搁浅。鉴于此，有些经济学家认为，解决此类问题的最好办法就是提高工人工资，激励工人工作热情，提高其工作努力程度，同时，提高工人们因偷懒或怠工而被解雇的成本。

第 4 章

农民工社会保障制度必要性分析

4.1 农民工乡城迁移的经济社会风险分析

社会保障是一种强制性的国民收入转移支付制度，它是通过经济资源转移的方式为遭遇风险损失的个体提供安全保护，属于经济保障范畴。相对于传统农业社会，现代工业社会中的雇佣劳动者更容易因为激烈的社会竞争而遭受到各种经济社会风险所引发的损失。工业化给整个社会雇佣劳动者带来的养老、伤残、疾病、失业等新问题不可能继续通过传统的家庭、社区组织、慈善机构和行业协会等途径加以有效地解决，因此，制度化、规范化的现代社会保障制度便应运而生，而现代社会保障制度正是为了应对工业社会的风险而逐步得到确立的。无论是从风险的种类还是风险的程度来看，相对于传统的乡村社会，乡城迁移使农民工群体所面临的经济社会风险具有扩大和增加的趋势。进一步来分析，相对于其他类型的雇佣劳动者，农民工所面临的经济社会风险会更大。其原因在于：虽然农民有土地保障，但人均小规模土地的占有，根本不能为非农就业的市场化风险提供充分保障。因此，为农民工群体提供社会保障就更加重要。下面，对乡城迁移过程中农民工群体所面临的经济社会风险进行深入分析。

4.1.1 收入风险

农民工收入风险主要有两层含义：第一，农民工人力资本存量不高制约了其收入水平的提高；第二，工资收入缺乏正常的增长机制。农民工收入风险产生的主要动因在于：

（1）农民工自身人力资本存量总体水平偏低，农民工中大部分从业者从事技术含量低其至无技术含量的工作。外出务工人员以小学初中文化为主，由于文化程度低，从事的职业以劳动密集型体力劳动和技术含量较低的工作为主，这在很大程度上制约了工资性收入的增加。职业结构的低层次对农民工资性收入增长产生了一定的制约作用。笔者于2013年4—6月间在辽宁省的沈阳、大连、鞍山、锦州、阜新和丹东等城市，随同国家统计局辽宁调查总队各地区派出机构的工作人员，通过发放问卷和现场交谈等方式对辽宁省26个县（市、区）2160户农民家庭2012年外出务工状况进行了全面调查，农民工所从事工作的种类相关调研结果如图4-1所示：

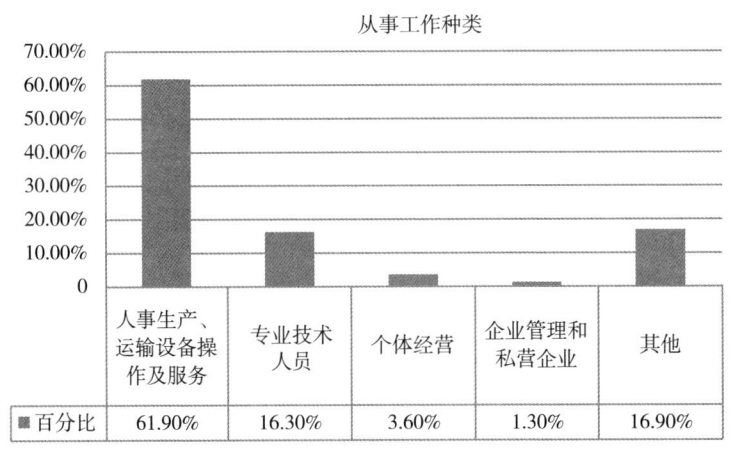

图4-1 2012年辽宁地区外出农民工从事工作简况

从事生产、运输设备操作及服务的人员最多，占61.9%，专业技术人员占16.3%，个体经营占3.6%，企业管理和私营企业主占1.3%，其他占16.9%。从农民工的性别构成看，男性占70.3%，女性占

29.7%①。占七成多的男劳动力主要从事制造业、建筑业等第二产业，多从事较繁重的体力劳动，而女农民工则大多在住宿餐饮和家政服务等第三产业务工。

（2）农民工群体在劳动契约关系上处于弱势地位。从农民工劳动权益维护的角度看，农民工本人与务工企业之间的地位悬殊，这使得农民工本人没有力量提高务工收益水平。从农民工群体劳动权益维护的角度看，农民工高度流动的特点使得农民工组织化程度低、很难形成工资的集体谈判制度，造成了劳资力量平衡有效机制的缺失。因此，在劳资博弈格局中，农民工对工资水平的影响力是较小的。

（3）非均衡发展路径的选择引发的正常工资增长机制的缺失，使得农民工群体的收入水平增长不显著。著名的 MIT 经济学家、克拉克奖获得者 Acemoglu（2008）在对劳动增强型和资本增强型的技术进步研究中发现②：从长期来看，经济体标准化的均衡增长模式是以劳动增强型的技术进步为导向，劳动收入占比相对较稳定。而在转型路径上，则会产生资本增强型的技术进步，要素占比将会发生变化。由于我国一开始就奉行非均衡发展战略，建国初期，试图通过重工业的优先发展，超高速实现国家工业化，也就是我们通常所指的赶超型发展战略，在这一非均衡发展战略的影响下，经济发展注重资本积累而忽视了正常企业职工工资收入增长机制的构建。由于经济发展具有路径依赖特性，工资增长的制度基础相对薄弱。

（4）劳动力市场的体制性分割、行业分割是农民工收入增长相对缓慢的重要原因。在我国典型的二元经济结构和严格的城乡户籍制度基础上建立起来的劳动力市场具有明显的城乡二元分割特性。城市劳动力市场又分为正规部门和非正规部门，大部分农民工是在非正规部门就业，例如，中小企业、私营企业等；从行业分割角度看，农民工较少有机会进入电力、金融、证券、石油等高薪行业。

下面，以 2012 年宏观统计数据来说明上述定性分析。

---

① 国家统计局辽宁调查总队. 2012 年辽宁农民工监测调查报告［J］. 国家统计局沈阳调查队委托课题研究资料（笔者参加了全程调研活动，调研结束后，笔者负责对课题调研数据部分进行整理和分析），2013 年 6 月.

② Acemoglu, D. and Guerrieri, V. Capital Deepening and Non–Balanced Economic Growth［J］. Journal of Political Economy, 2008, 116（3）：467–498.

首先,以劳动力市场所有制分割对农民工收入增长带来的影响进行分析。所有制结构指不同性质所有制经济在国民经济中的比重关系。根据生产资料的所有制关系,中国经济可分为公有制经济和非公有制经济。公有制经济包括国有经济和集体经济。非公有制经济包括私营经济、个体经济、三资企业经济等。由此就业的所有制结构,一般是指国有企业、集体企业、私营企业、合资企业等各种性质企业的就业比例。目前,个体、私营和外资等多种经济成分有了较快发展,为扩大就业提供了广阔的空间。同时,随着国家鼓励与支持个体、私营经济的发展和市场就业竞争机制的逐步形成,人们的就业观念发生了根本性转变。个体、私营经济焕发生机,非公有制经济就业队伍迅速扩大。现阶段,农民工主要在非公有制经济部门就业。

不同所有制类型单位在工资政策的推进力度方面存在明显差异,相对而言,政策性的因素对非私营单位影响较大,而对其他类型的企业影响相对较小。表现更为突出的是私营单位与非私营单位工资差距问题。2012年全国城镇非私营单位就业人员年平均工资为46769元[1],同期,全国城镇私营单位就业人员年平均工资为28752元,后者为前者61.48%[2]。相比之下,2012年,外出农民工人均年工资收入水平为27480元。分地区看,在东部地区务工的农民工年收入水平为27432元;在中部地区务工的农民工年收入水平为27084元;在西部地区务工的农民工年收入水平为26712元。

其次,以劳动力市场行业分割对农民工收入增长带来的影响进行分析。从分行业门类看,年平均工资最高的三个行业分别是信息传输、软件和信息技术服务业39518元,是全国平均水平的1.37倍;科学研究、技术服务业36598元,是全国平均水平的1.27倍;金融业(主要是各种保险代理、典当行和投资咨询公司)32696元,是全国平均水平的1.14倍。通常情况下,在这三个行业就业的农民工微乎其微;年平均工资最低的行业分别是农、林、牧、渔业21973元,是全国平均水平的76%;住宿和餐饮业23933元,是全国平均水平的83%;居民服务、修理和其他服务业24068

---

[1] 国家统计局. 2012年城镇非私营单位就业人员年平均工资46769元[EB/OL]. http://www.stats.gov.cn/tjsj/zxfb/201305/t20130517_12975.html, 2013-05-17.
[2] 国家统计局. 2012年城镇私营单位就业人员年平均工资28752元[EB/OL]. http://www.stats.gov.cn/tjsj/zxfb/201305/t20130517_12974.html, 2013-05-17.

元,是全国平均水平的84%,见表4-1。在住宿和餐饮业、居民服务、修理和其他服务业中,农民工占有相当大的比例,因为农民工自身人力资本特征比较符合这些行业的岗位要求。

表4-1　　2012年城镇私营单位分行业就业人员年平均工资　　单位:元,%

行业	2011年	2012年	名义增长率
总计	24556	28752	17.1
农、林、牧、渔业	19223	21973	14.3
采矿业	25519	29684	16.3
制造业	24138	28215	16.9
电力、热力、燃气及水生产和供应业	22091	25478	15.3
建筑业	26108	30911	18.4
批发和零售业	22791	27233	19.5
交通运输、仓储和邮政业	25949	28159	8.5
住宿和餐饮业	20882	23933	14.6
信息传输、软件和信息技术服务业	35562	39518	11.1
金融业	28664	32696	14.1
房地产业	27017	30778	13.9
租赁和商务服务业	27115	31796	17.3
科学研究、技术服务业	31320	36598	16.9
水利、环境和公共设施管理业	22958	26402	15.0
居民服务、修理和其他服务业	20543	24068	17.2
教育	23636	26625	12.6
卫生和社会工作	25590	29173	14.0
文化、体育和娱乐业	22666	26177	15.5

数据来源:国家统计局发布2012年城镇私营单位分行业就业人员年平均工资相关统计信息,http://www.stats.gov.cn/tjsj/zxfb/201305/t20130517_12974.html.

需要指出的是,2012年平均工资虽然保持了较快增长,但工资水平的地区差距、行业差距、岗位差距仍然存在,有的表现还比较突出。具体到每个个人,对工资增长的感受也不完全相同。在城镇非私营单位就业人员中,对占全部就业人员41.2%的制造业和建筑业就业人员而言,其年平均工资不仅远远低于金融业的89743元,也比平均工资水平分别低5119元、

10286元。对私营单位就业人员而言,其年平均工资更低,仅为城镇非私营单位就业人员平均工资水平的61.5%。因此,要进一步深化收入分配制度改革,进一步完善工资制度,建立工资正常增长机制,着力提高中、低收入者的工资性收入。

再次,农民工非农转移就业的不稳定对收入提高产生了一定影响。现行农村土地承包制使农民获得了很大的生产自主经营权,土地对农民仍然有着巨大的吸引力,二者之间仍存在着难以割舍的联系。同时,重新返回到土地上,也是许多农民进城务工不顺利时的一条退路。农民工中的一些人仍保留着土地承包经营权,属于典型的亦工亦农型转移,兼业时间长短因家庭劳动力的多寡与从事劳务收入的多少而不同。此外,兼业性还体现在劳动力转移存在一定的间隔性和不确定性,这类情况以临时性外出务工人员最为明显,因此造成了农民工资性收入的不稳定,限制了工资性收入的较快增长。

4.1.2 失业风险

农民工的失业风险主要来源于农民工就业的不稳定性和农民工人力资本的弱质性。农民工就业的不稳定性主要体现在农民工就业主渠道和就业部门的非正规性。一般来说,农民工主要通过亲朋好友介绍、在城市中各类职业介绍所登记、在劳务市场上寻找雇主、由包工头组织进行务工等渠道就业,这些渠道往往使农民工进入的是城市次级劳动力市场,相对于主要劳动力市场从业人员,农民工就业稳定性差、就业质量不高。例如,许多企业在雇佣农民工时采取临时工、小时工、季节工等弹性用工形式,企业不与农民工签订劳动合同或延长使用期、滥用试用期,使得农民工频繁变动工作,加剧了就业的不稳定性。下面,主要围绕农民工人力资本特征、就业特点与失业风险的关系进行分析。

(1)文化程度与失业风险关系分析。结合实际情况分析,农民工群体在身份、文化程度、技能水平、社会资本等方面存在劣势,是劳动力市场上的弱势群体,进入城市后,主要在次级劳动力市场上工作,就业稳定性差。由于缺少较高水平的教育经历,进入主要劳动力市场谋求相对稳定工作的机会较少,因此,农民工群体中的大部分人更容易受到劳动力市场供求周期性变动的影响，受到失业风险的威胁。根据国家统计局2012年全国农民工监测调查报告可知，农民工整体文化程度不高，人力资本弱质性特征明显（见表4-2）。

表4-2　　　　　　　　2012年农民工的文化程度构成　　　　　　　　单位：%

	非农民工	全部农民工	本地农民工	外出农民工	30岁以下青年农民工
不识字或识字很少	8.3	1.5	2.0	1.0	0.3
小学	33.8	14.3	18.4	10.5	5.5
初中	47.0	60.5	58.9	62.0	57.8
高中	8.0	13.3	13.8	12.8	14.7
中专	1.5	4.7	3.3	5.9	9.1
大专及以上	1.4	5.7	3.6	7.8	12.6

数据来源：国家统计局发布2012年全国农民工监测调查报告

从总体状况来看，农民工文化程度以初中为主，不识字或识字很少占1.5%，小学文化程度占14.3%，初中文化程度占60.5%，高中文化程度占13.3%，中专及以上文化程度占10.4%。2012年，在外出农民工从业人员中，小学及以下文化程度占11.5%；初中文化程度占62%；大专及以上文化程度仅占7.8%。相对于外出农民工，在本地农民工从业人员中，小学及以下文化程度所占比例达到20.4%，这表明：文化偏低的农民工更倾向于在本地实现转移就业，人力资本存量水平直接影响着农村剩余劳动力转移就业的区域分布和发展领域。与2011年相比，30岁以下青年农民工组高中及以上文化程度比重增加2.4个百分点，明显高于其他组农民工。但是从接受教育的内容来看，青年农民工组中的绝大多数农民工仍停留在义务教育阶段和普通高中教育阶段，而接受过专业技术教育（中专、大专及以上）的比重尚不足30%（实际为22%）。

（2）培训状况与失业风险关系分析。职业技能培训是人力资本投资的重要形式之一，主要指农民工进入职业岗位之前和在企业等用人单位进行的职业知识学习和职业技能训练。现代社会对劳动技能和职业知识的学习提出了较高要求，这使学习具有终身性的特点。职业技能培训也是学校正规学历教育的延续，是持续进行人力资本投资的重要体现。缺乏职业技能培训会降低农民工人力资本存量水平，进而降低了就业竞争能力和就业稳定性,使农民工容易受到失业风险的威胁。

国家统计局2012年农民工监测报告显示,在农民工中,接受过农业技术培训的占10.7%,接受过非农职业技能培训的占25.6%,既没有参加农业技术培训也没有参加非农职业技能培训的农民工占69.2%[①]。青年农民工接受非农职业技能培训的比例要高于年长的农民工,年长的农民工接受农业技术培训的比例要高于青年农民工,年龄层次越低,接受农业技术培训的比例也越低。没有参加培训的主要原因在于:①个别地区没有或农民工不知道通过何种渠道进行劳动技能公共培训;②培训内容针对性、实效性不强,农民工不需要;③农民工所在企业没有形成制度化的培训项目;④家庭经济条件差,交不起培训费。

另外,从农民工职业技能培训效果来看,培训工作从总体上还远远不能满足广大农民工和用人单位的需要。这需要从制度建设和加强监管两个方面来保证农民工转移培训和公共就业培训政策的贯彻和落实。一方面,要统筹城乡之间、地区之间和各部门之间的培训资源分配和有效整合,使师资、设施、场地、资金等要素统筹安排并共享利用。另一方面,加强监管、提高培训针对性和实效性。从目前来看,大多数培训的层次较低,基本上是开展引导性培训和初级职业技能培训,培训时间短,容易走过场,使得农民工没有学到真正的理论知识和操作技能,就业能力仍然较差,制约农民工人力资本存量有效提升,见表4-3。

表4-3　　2012年不同年龄组农民工参加培训情况　　单位:%

	参加过农业技术培训	参加过非农职业技能培训	两项培训都没有参加过
16-20岁	4.0	22.3	76.0
21-30岁	6.2	31.6	66.0
31-40岁	11.0	26.7	68.0
41-50岁	14.9	23.1	69.5
50岁以上	14.5	16.9	74.5

数据来源:国家统计局发布2012年全国农民工监测调查报告

---

① 国家统计局.2012年全国农民工监测调查报告[EB/OL].http://www.stats.gov.cn/tjfx/jdfx/t2013/05/27.

(3) 就业特点与失业风险关系分析。由于劳动力市场不健全、流动性大，多数农民工并没有签订劳动合同就开始上岗工作，劳动关系不明晰导致农民工就业不稳定、工作变换频繁。即使签订合同，劳动合同期限短、续签合同比例低等因素使得农民工就业不确定性加大，就业质量很难保证。以人社部课题组调研资料[①]为例，见表4－4和表4－5，在民营企业就业的各类人员中，农民工所签订的劳动合同期限总体水平偏低；从合同续签比例来看，属于最低水平。由此可见，农民工面临着就业变动风险，产业结构调整和经济周期变动都会使劳动力市场上的弱势群体农民工首先受到冲击。

表4－4　　　　　　　　民营企业的劳动合同期限　　　　　　　　单位：月

		中高级管理人员	工程（专业）技术人员	一般行政人员	生产人员	服务人员	农民工
行业	制造业	38	34	28	23	22	18
	建筑业	37	34	28	18	18	20
	采掘业	37	33	28	24	25	20
产业	交通运输仓储业	33	32	27	27	27	26
	批发零售业	29	26	20	19	18	17
	餐饮业	28	23	20	17	15	15
	房地产业	35	30	23	21	18	24
	商务服务业	31	26	20	20	16	16
	农林牧渔业	43	37	30	29	24	24
	其他	39	35	25	25	22	20
企业	大型企业	44	33	27	24	21	22
	中型企业	39	37	29	25	21	21
	小型企业	34	31	25	21	20	18
	合计	36	32	26	22	20	19

数据来源：人力资源和社会保障部劳动科学研究所. 中国劳动科学研究报告集［M］. 北京：经济科学出版社，2012.06：436－438.

① 人力资源和社会保障部劳动科学研究所. 中国劳动科学研究报告集［M］. 北京：经济科学出版社，2012.06：436－438.

表 4–5　　　　　　　民营企业续签劳动合同的比例　　　　　　　单位：%

		中高级管理人员	工程（专业）技术人员	一般行政人员	生产人员	服务人员	农民工
行业	制造业	91.6	90.8	88.5	83.6	83.3	75.0
	建筑业	90.4	88.0	87.7	81.3	79.7	67.9
	采掘业	90.7	85.7	85.4	87.9	91.4	74.2
	交通运输仓储业	88.1	89.8	92.5	86.5	82.2	89.5
	批发零售业	92.5	92.3	90.0	83.7	82.4	77.4
	餐饮业	84.3	82.5	79.0	73.2	66.5	64.4
	房地产业	90.0	85.8	84.6	75.7	78.7	78.1
	商务服务业	91.9	90.0	86.7	77.9	77.7	71.0
	农林牧渔业	92.6	92.1	89.2	87.9	84.4	79.1
	其他	96.7	93.2	92.8	83.9	83.8	79.2
规模	大型企业	94.9	93.6	92.5	88.1	85.9	
	中型企业	93.4	91.7	89.9	83.5	83.2	
	小型企业	89.9	88.5	86.1	81.7	80.5	
	合计	91.2	89.8	87.8	82.6	81.5	

数据来源：人力资源和社会保障部劳动科学研究所. 中国劳动科学研究报告集［M］. 北京：经济科学出版社，2012.06：436–438.

此外，农民工创业也存在一些障碍，影响了农民工的创业积极性，这也是制约就业质量提高和农民工市民化的重要因素之一，也不利于降低农民工乡城迁移过程中所面临的失业风险。例如，由于历史原因，农民工受教育程度不高，绝大多数只有初中和小学文化程度，不熟悉社会知识和创业常识；也没有什么专业技术，对外部信息了解和接受的能力极弱，信息极不对称，对自己的发展缺乏抱负和长远计划。创业具有盲目性；只能从事普通的劳务性工作，谋生能力弱，异地创业难度越来越大，不熟悉国家的法律政策，不知如何维护自身权益等。此外，农民工进城创业的门槛仍然存在，对农民工的就业歧视还未完全消除；城镇公共管理服务体系对农民工开放还需解决观念、体制和物质技术条件等问题，农民工享受与城镇居民同等的公共服务还需做大量工作。近几年农民工的收入虽然有所上升，但农民工在城镇的生活成本也在迅速增加，农民工收入在扣除住房、子女教育、生活消费等方面支出后就所剩不多。如享受不到与城镇居民同等的公共资源和服务，大量额外支出都在一定程度上会影响农民工创业的积极性。

4.1.3 职业安全风险

农民工职业安全风险分为职业伤害和职业病两类，两类风险对农民工产生影响的时效和后果不尽相同。农民工职业伤害指农民工在生产劳动过程中所发生的人身伤害，包括事故伤残或死亡，这种风险对农民工产生的后果是即时的，也是最惨烈的；而农民工职业病是由于农民工在生产活动中接触了有害物质或工作环境固有危害所造成的疾病，这种疾病对农民工产生的影响具有潜伏性，随着时间推移发病率会提高，造成农民工人力资本修复成本也会随之上升。职业安全风险是伴随着劳动而产生的，但在工业化社会里，这种风险发生的可能性变大了。因为在传统的农业社会里，劳动者基本上是靠体力和手工从事生产、经营活动，生产节奏慢，因工负伤、致残、中毒、致死的可能性很小，群体性生产事故也很少发生。而在工业社会里，由于技术进步，大机器广泛应用，许多行业大大提高了生产效率，得到了快速发展，例如，矿山开采、机械加工、建筑施工、交通运输、冶炼化工等行业，但是，劳动者在这些行业里工作使其自身职业风险也加大了，事故发生、患职业病等都给劳动者带来身心的伤害，也加大了劳动者生存和发展的成本。因此，工伤保险制度就是一种适应社会化大生产发展的，能够有效帮助劳动者抵御和分摊职业风险的保障制度，对劳动力市场的有效运行形成一种有力的支撑机制。

相对于劳动力市场上其他群体而言，农民工群体就业的行业结构在很大程度上可以解释农民工更容易受到职业安全风险的侵害，也就决定了为农民工群体提供安全保障显得尤为必要和紧迫。

（1）分析农民工就业的行业结构。通常，行业结构指农民工在不同行业之间的分布。随着我国产业结构的升级、城市化的发展、农民工教育培训的加强和新生代农民工文化素质的提高，农民工的就业结构、就业方式都继续发生变化。主要特征如下：一是以制造业和建筑业为主，农民工在这两个行业的就业比重达到了54.1%；二是从事制造业的农民工比重最高，比例为35.7%，但从2008－2012这5年间来看，农民工在制造业就业的增速开始放缓,制造业就业比重下降近2个百分点;三是农民工在交通运输、批发零售和居民服务等第三产业的就业比重相对稳定,变化不大。总的来看,农民工仍将继续流向制造业和建筑业,但餐饮、娱乐、新型服务业等第三产业正在成为更多农民工就业的重要选择,见表4-6。

表4-6　　　　　农民工从事的主要行业分布

	2008年	2009年	2010年	2011年	2012年
制造业	37.2	36.1	36.7	36.0	35.7
建筑业	13.8	15.2	16.1	17.7	18.4
交通运输、仓储和邮政业	6.4	6.8	6.9	6.6	6.6
批发和零售业	9.0	10.0	10.0	10.1	9.8
住宿和餐饮业	5.5	6.0	6.0	5.3	5.2
居民服务和其他服务业	12.2	12.7	12.7	12.2	12.2

数据来源:国家统计局发布2012年全国农民工监测调查报告

(2)分析农民工所在行业的行业风险等级。根据上述分析,农民工集中在制造业、建筑业、批发和零售业、住宿和餐饮业、居民服务业等行业进行生产劳动,如果以年平均万人死亡率来分析,在这些行业就业的农民工所面临的职业安全风险显著高于其他行业,见表4-7。

表4-7　　　　　行业风险等级和归类情况

指标和等级 行业	年平均万人死亡率	风险等级档次 (由小到大排序)
农林牧渔业	0.0030	1
金融保险业	0.0050	1
卫生、体育和社会福利业	0.0100	1
国家、政党机关和社会团体	0.0146	1
教育文化艺术及广电业	0.0151	1
批发和零售贸易、餐饮业	0.0427	2
其他行业	0.0603	2
科学研究和综合技术服务业	0.0780	3
交通运输仓储业及邮电通信	0.1040	3
社会服务业	0.1670	4

续表

行业 \ 指标和等级	年平均万人死亡率	风险等级档次（由小到大排序）
房地产业	0.2440	5
制造业	0.2680	6
地质勘查业、水利管理业	0.3830	7
建筑业	0.4470	8
电力、煤气及水的生产供应	0.8560	9
采掘业	13.3700	10

资料来源：陈文瑛等．工伤保险行业差别费率确定方法探讨．安全与环境学报，2005（3）：113．

农民工是我国改革开放和工业化、城镇化、现代化进程中成长起来的新型劳动大军，是产业工人的重要组成部分，虽然各级政府和有关部门针对农民工安全生产和职业病防控采取了一系列措施，但是，农民工仍然是最容易遭受工伤事故和职业病危害的弱势群体。据国家安全生产监督管理总局《农民工安全生产和职业病防控政策措施研究》课题组 2011 年调研数据可知，全国煤矿、非煤矿山、危险化学品、烟花爆竹和建筑施工等高危行业农民工占从业人员的比例分别达到 44.6%（其中乡镇煤矿 76.5%）、29%、52%、82% 和 76%。从发生事故造成的伤亡情况来看，截至 2010 年底，全国非煤矿山、建筑施工、冶金和建材 4 个行业工伤死亡人数中农民工所占比例分别为 75.8%、69.7%、75.6% 和 86.4%。从农民工新患职业病的情况来看，乡镇煤矿、烟花爆竹、建筑施工、冶金、建材、轻工和机械制造 7 个行业新患职业病人数中农民工所占比例分别高达 89.1%、100%、95.3%、97%、94.2%、85.1% 和 91.3%[①]。

（3）农民工职业安全风险产生的主要原因在于：第一，部分企业劳动安全保护设施薄弱。一些私营企业安全设施简陋，有的企业没有专门人员负责安全生产管理，而设备长年不能得到维修和检验，农民工的生命安全和身体健康无法得到保障。在经济利益最大化目标的导向下，部分中小企业设法降低成本，工艺技术落后，作业场所缺乏必要的职业危害因素防护

---

① 国务院农民工办课题组．中国农民工发展研究［M］．北京：中国劳动社会保障出版社，2013：209－219．

设施，粉尘、毒物、噪声等职业危害超标现象严重，这些都对农民工患职业病埋下了隐患。第二，缺乏有效的岗前培训。由于农民工流动性大，许多企业不重视对他们进行安全培训，造成了农民工缺乏安全意识和安全生产技能，不熟悉生产操作规程，这种情况下，工伤事故频发。第三，农民工职业健康监护水平明显偏低。山西省在 2010 年对太原、长治、晋城三个城市做过一次职业危害摸底调查，样本容量是 3000 家企业，调查结果显示：企业职工职业健康体检率只有 29.6%，农民工较为集中的中小企业，体检率仅为 5.1%。农民工职业健康体检存在的另一个问题是：岗前、在岗和离岗后的体检率差别极大，国家安全生产监督管理总局《农民工安全生产和职业病防控政策措施研究》课题组 2011 年对九个农民工就业比重较大的高危行业调研数据显示，多数企业对农民工进入本企业前的岗前体检比较重视，体检率达到 70% 以上，但是在岗体检率仍然较低，只有 30% 左右[①]，而由于农民工离职随意性大等原因，农民工离岗体检率则更低。更严重的是，由于职业病具有迟发性和隐匿性等特点，加之很多农民工频繁变动工作，这为日后农民工因为职业病发病而进行自身权益维护带来很大的隐患。因此，农民工健康体检率低、职业病报告体系不健全、职业病档案信息缺失等因素，使得我国每年新发现农民工职业病患病情况可能远高于现在报告的情况。目前，职业病发病呈现年轻化趋势，18－40 岁青壮年发病率高，如果不有效防范，将会影响整个社会劳动生产力的可持续发展。

4.1.4 公共卫生风险

农民工劳动强度高、收入低，工作环境、职业安全、居住条件、饮食卫生均较差，极易引发食物中毒或皮肤病等传染病，或者在工作时因防护措施不到位罹患职业病等。如果他们选择不就诊或不到正规医院就诊，就有可能因发现和控制不及时，造成小范围的爆发和流行。例如，建筑业是农民工从业的主要领域，建筑工地的农民工存在着不注意周围的环境卫生，住宿条件差等问题，很容易产生卫生死角，加之是农民工聚集区域，

---

① 国务院农民工办课题组. 中国农民工发展研究 [M]. 北京：中国劳动社会保障出版社，2013：209-219.

流行感冒、疟疾等突发性事件会严重威胁公共安全，形成了公共安全风险，如果控制制度和措施不健全，容易造成疾控漏洞。

笔者对辽宁地区外出农民工就业环境的相关调研结果显示：住宿条件相对简陋艰苦、饮食条件仍不如意和劳动强度仍然较大是制约农民工就业质量提升的主要因素。相对于其他雇佣劳动者，不良的就业环境使农民工群体更容易受到公共卫生风险的侵害，在这种情况下，为农民工群体提供适当的健康保障则更具有紧迫性。例如，住宿条件相对简陋艰苦，主要表现在：外出农民工居住在单位宿舍的占 34.3%，比上年减少 2.8 个百分点；居住在工地工棚的占 14.5%，比上年增加 0.8 个百分点；居住在生产经营场所的占 6.2%，比上年增加 0.1 个百分点；与人合租住房的占 10.6%，与上年持平。独立租赁住房的占 7%，比上年增加 0.7 个百分点；在务工地自己购房的占 1.4%，比上年减少 0.7 个百分点；在乡外从业但回家居住（老家）占 21.6%，比上年增加 2.4 个百分点；居住在其他场所的占 4.4%，比上年减少 0.5 个百分点①。再如，饮食条件仍不如意，调查资料显示，2012 年辽宁省外出务农民工从单位或雇主提供伙食情况看，每天提供三顿饭的占 32.2%，比上年减少 6.2 个百分点；每天提供两顿饭的占 7%，比上年减少 0.6 个百分点；提供一顿饭的占 26.5%，比上年增加 0.6 个百分点；不提供，但补贴部分伙食费的占 3.6%，比上年减少 0.2 个百分点；不提供伙食，也没有补助的占 30.7%，比上年增加 4.6 个百分点。此外，辽宁外出农民工 2012 年每天工作在 6 小时以下的只占 0.8%；每天工作 6 - 8 小时的占 1%；8 - 10 小时的占 60.2%；10 - 12 小时的占 32.5%；12 小时以上的占 5.5%②，这些反映出：农民工劳动强度依然较大，农民工身体存在一定的健康隐患。

针对新生代农民工的公共卫生问题，卫生部在 2011 年进行了一次专项调研，该次调研形成的信息资料显示：新生代农民工主要存在五大公共卫

---

① 国家统计局辽宁调查总队. 2012 年辽宁农民工监测调查报告 [J]. 国家统计局沈阳调查队委托课题研究资料（笔者参加了全程调研活动，调研结束后，笔者负责对课题调研数据部分进行整理和分析），2013 年 6 月.

② 国务院农民工办课题组. 中国农民工发展研究 [M]. 北京：中国劳动社会保障出版社，2013：209 - 219.

生服务问题①。①属于传染病高发和易感人群。甲乙类传染病发病率明显高于当地城市居民，具有逐年上升的趋势。在肠道传染病、呼吸道传染病等主要传染病病种上，发病率均明显高于一般城市居民。②儿童保健和免疫规划水平总体较低。外来流动人口儿童的单苗接种率及五苗免疫率均低于城市户籍儿童，且低于同年全国平均水平。在上海市每年手足口病发病儿童中，超过50%是外来流动人口儿童。③妇女保健水平与城市居民相比差距较大。孕产妇在孕期建卡、早孕检查、孕期系统管理及产后访视等方面，与常住人口相比差距较大。④心理健康问题日益突出。职业紧张等心理问题突出，自感工作压力大，幸福感指数低。新生代农民工的心理异常发生率明显高于老一代农民工。⑤意外伤害成为影响健康的重大隐患。大量农民工从事的是建筑业等高危行业，是意外上海的高危人群。

卫生部在《国家基本公共卫生服务规范（2011年版）》中，明确规定要将农民工及其子女等特殊人群纳入管理，为流动人口提供健康教育、预防接种、儿童保健、孕产妇保健等服务。为居住时间超过6个月的流动人口提供建立健康档案、老年人保健和慢性病管理等服务。这说明农民工的公共卫生问题已经引起高层关注，顶层设计科学，但目前农民工等流动人口具体的管理上仍然存在一些问题，需要多部门协作，从制度上将流动人口纳入城市统一管理体系，以便于对流动人口提供完整、连续的服务。

4.1.5 居住风险

随着出生于20世纪50-60年代，在80年代前后进城的上一代农民工的逐步"告老还乡"，70-80年代出生的农民工日益成为当今农民工队伍的主体。如果说第一代"农民工"由于人口经济发展水平等原因，他们的负担太重，还只能追求增加收入，当年他们还没有在城里安家落户的奢求，那么"二代农民工"却是"轻装上阵"，而且又处于人口、经济变化的新形势下，他们不仅要增加收入，更希望改变原生活方式、成为真正的城市人口。然而，在农民工市民化的进程中，农民工个人及其家庭在城镇定居所需支付的生活费用和发展费用是影响农民工市民化决策的关键因

---

① 国务院农民工办课题组. 中国农民工发展研究［M］. 北京：中国劳动社会保障出版社，2013：177-195.

素；从经济学角度来看，住房问题是农民工市民化过程中集中支付成本最高、最难以解决的问题之一，换言之，居住成本高及其不确定性是城市化进程中农民工面临的主要风险之一。由于农民工整体上仍属于低收入群体，因此，如何有效应对这一风险、最关键的一点是：保证廉价住房供给、因地制宜地扩大公租廉租房在农民工中的覆盖范围，不断提高基层政府的农民工住房保障能力。

此外，住房问题是关系到国计民生的重大问题，是农民工生存发展的基本需求，只有安居才能乐业，才能兴业，才能让广大农民工感到幸福和满足。而在所有这些"农民工"中，能够彻底脱离农村，并在城里买房安家的还是极少数。因此，这些"半城市化人口"还没完全得到城市人口的权益，他们的居家生活处于不稳定状态。

农民工城市居住成本、支出的不确定性主要表现在：

（1）商品住房房价上涨、部分城市房价涨幅过大，超出了绝大部分农民工的承受能力。从全国房价总体水平看，自1998年住房制度改革以来，商品住房价格呈现逐步上涨的态势。以1998年住房价格为基数，2010年，新建普通住房价格上涨了97.9%，二手住房价格上涨101.8%，住房租赁价格上涨57.1%。尤其是经济发达的大城市，房价上涨更快，涨幅更大。据国家统计局统计，见表4-8，北京、上海、深圳三个城市，2010年，住房销售均价分别为17151元、14290元、18954元，分别比2003年增长362.1%、279.2%和303.0%，7年间年均分别增长20.2%、15.8%和17.2%，房价上涨的幅度远远超过当年居民人均收入增长水平[1]。2010年，外来农民工比较集中的北京、上海、深圳三市城镇人均可支配收入分别为29072.9元、31838.1元和32280.9元，如果按照2010年全国城镇人均居住建筑面积31.6平方米计算，这些城市居民如果用可支配收入购房分别需要17.0年、15.3年和17.4年，见表4-9。快速上涨的房价大大超出了普通居民的支付能力，更超出了大部分农民工的承受能力，使这些城市的普通居民和外来务工人员难以承受，社会反响很大，影响社会安定。

---

[1] 任兴洲等. 中国住房市场发展趋势与政策研究 [M]. 北京：中国发展出版社，2012：56-58.

表4-8　　　　　　　北京、上海、深圳住房销售均价　　　　　单位：元/平方米

年份	北京	上海	深圳
2003	4737	5118	6256
2004	5053	5855	6756
2005	6788	6842	7582
2006	8280	7196	9385
2007	11553	8361	14050
2008	12418	8195	12665
2009	13799	12840	14615
2010	17151	14290	18954
2010/2003年增长（%）	362.1	279.2	303.0
7年年均增长（%）	20.2	15.8	17.2

表4-9　　　　　　　北京、上海、深圳房价收入比测算①

	北京	上海	深圳
2010年住房均价（元/平方米）	17151	14290	18954
2010年城镇可支配人均收入（元/人）	29072.9	31838.1	32280.9
2009年城镇人均居住面积（人/平方米）	28.81	34	29.6
房价收入比	17.0	15.3	17.4

（2）如果以房价收入比进行分析，北京、上海等外来务工人员比较集中的城市房价收入比远高于国际4-6倍的水平，这使得农民工定居成本畸高，严重影响市民化进程。房价收入比，一般定义为一套住房的价格是一个家庭收入的多少倍。借助房价收入比来评价房价合理性，就是计算出房价收入比之后，再看它是否大于某个数值。如果大于，就说明房价过高；如果小于或等于，就说明房价不高。由于具有计算简便、含义直观等优点，房价收入比是大多数国家和国际组织进行住房支付能力评价时所采用的主要指标。以北京为例，2001-2006年，北京市房价收入比均值为11.88倍。从2007年开始，北京的房价收入比快速上升，2007-2009年房

---

① 任兴洲等.中国住房市场发展趋势与政策研究［M］.北京：中国发展出版社，2012：56-59.

价收入比均值为17.35倍。显著高于此前6年的均值水平。2010年，由于北京新建住宅销售均价上涨了29.7%，北京的房价收入比高达21倍，为2000年以来最高水平。随着政府一系列调控政策的实施，2011年，北京新建商品住宅销售均价回落到15518元/平方米，较2010年下降了9.5%，2011年北京市城镇人均可支配收入为32903元，较2010年增长了13.2%[①]，由于收入较快增长，房价有所回落，2011年北京市的房价收入比回落到17.4倍，但仍显著高于2001-2006年的均值水平。再如，1999-2008年，上海市的房价收入比均值为10.5倍，但在2003年之后出现了小幅上升，2008年回落到10.24倍，2009年大幅上升到14.6倍，2010年进一步上升到15.5倍，比其历史均值水平高出47%。2011年，通过实施限购政策等措施，上海市新房销售均价较2010年下降了5.9%，房价收入比回落到12.8倍，但仍较历史均值水平高22%[②]。

由此可见，住房成本是农民工在输入地定居要承担的主要成本，也是在市民化进程中依靠农民工自身积累难以逾越的主要障碍之一。住房支出的不确定性和集中性是影响农民工市民化决策的重要因子。

4.1.6 教育风险

新型城镇化的核心是人的城镇化。随着城镇化进程的快速推进，农民工群体进城规模和速度不断扩大和上升，农民工的代际转换也将更加深入。农民工随迁子女是我国经济、社会建设的生力军和后备力量，也是流动人口中基本公共教育服务的重点覆盖群体。农民工随迁子女接受教育状况及教育质量问题关系到义务教育的普及、劳动力素质整体水平的提高和社会公平的实现，也影响着农民工市民化的进程和城镇化质量。对农民工个体而言，随迁子女教育是持续人力资本投资的重要手段和途径，人力资本积累不足或中断将对农民工子女就业能力的形成和人力资本收益率水平的提高产生负面影响，也不利于农民工子女未来的职业发展和就业稳定性。

---

① 任兴洲等. 中国住房市场发展趋势与政策研究 [M]. 北京：中国发展出版社，2012：56-57.

② 任兴洲等. 中国住房市场发展趋势与政策研究 [M]. 北京：中国发展出版社，2012：58-59.

由于我国在相当长一段时期里受限于经济和社会资源的匮乏，强调效率优先的原则，实施城乡非均衡发展战略，因而拉大了城乡差距、形成了城乡二元的经济社会结构，因此，公共教育资源的分配具有城市偏向特征，产生的一个直接后果是：城乡教育公共品供给失衡，教育服务质量城乡差异显著。以户籍制度为主的人口静态管理模式又进一步强化了城乡二元经济社会结构，使城乡之间公共教育服务缺乏有效的衔接机制，不仅不利于农民工随迁子女教育问题的解决，而且还放大了处于流动状态的农民工随迁子女教育风险。这种风险主要表现在：农民工随迁子女上学难、上学费用高、学前教育欠缺等现象还时有发生，直接影响了农民工随迁子女人力资本的积累和自身素质的提高。而教育成本过高加重了农民工经济负担、降低了部分农民工对子女进行持续人力资本投资的意愿，使随迁子女的受教育时间和质量受到不同程度的影响，不确定性加大，甚至在有些情况下，农民工随迁子女人力资本投资出现了中断。

2013年，国家卫生和计划生育委员会发布了2012年流动人口动态监测调查数据，分析了流动人口随迁子女不在学的现状，由于农民工是流动人口的重要组成部分，因此，调查数据具有代表性并且可以说明实际问题。通过调查数据分析，流动人口随迁子女存在不同程度的中断或停止接受义务教育的现象，而对于跨省流动的流动人口而言，这种现象最为严重。此外，从不同年龄段的随迁子女不在学率来看，16~18岁年龄段的流动人口随迁子女不在学率最高（从不同的流动方向来看，16~18岁随迁子女不在学率均为最高水平），这说明随迁子女存在休学、辍学和过早进入劳动力市场就业等现象，越是高年龄组随迁子女，不在学、中断人力资本教育投资的现象越普遍，而低年龄组6~12岁不在学状况则说明少部分随迁子女存在推迟入学接受义务教育的现象。

表4-10　　　　　　　　　　2012年流动人口随迁子女不在学情况

	跨省流动	省内跨市	市内跨县
6~12岁	2.8%	1.9%	1.5%
13~15岁	10.0%	3.1%	2.7%
16~18岁	53.6%	25.9%	19.0%

资料来源：国家人口和计划生育委员会流动人口服务管理司.中国流动人口发展报告2013[M].北京：中国人口出版社，2013：32-37.

综上，按照学有所教、劳有所得、病有所医、老有所养、住有所居的要求，建立健全农民工基本公共服务运行机制，落实农民工市民化待遇，满足农民工基本公共服务多样化需求，切实保障农民工的基本权利，促进外来农民工基本公共服务均等化，是有效防范和降低农民工养老、医疗、职业安全、随迁子女教育、居住等风险的基本途径之一。

4.2 农民工社会保障劳动力市场效应的理论分析

4.2.1 需求效应理论分析

1. 对企业用工需求影响的理论分析

从我国现行社会保障制度来看，企业要分担雇员社会保险缴费的一部分，该部分缴费通常是按照一定比例从雇员薪水总额中计提的，性质上属于人工成本，构成企业生产经营成本的一部分。农民工参加社会保险后，相当于在原先的工资基础上增加了务工企业的用工成本，将对务工企业的劳动需求产生影响。因此，从微观角度来看，农民工社会保障扩大覆盖面必然要考虑对务工企业劳动需求产生的影响。

（1）对企业短期用工需求的影响。按照边际生产力理论，企业是要根据农民工的边际收益与边际成本的对比来确定农民工的招聘数量。所谓边际生产力，是由美国经济学家克拉克于19世纪末首先提出来的，指的是在其他条件不变的前提下，每增加一单位某种要素的投入所增加的产量。厂商购买一定数量的生产要素所愿意支付的价格水平是由要素的边际生产力决定的。当农民工的边际收益大于农民工的边际成本时，企业会增加农民工招聘数量；而当农民工的边际收益小于农民工的边际成本时，企业会减少农民工需求量。这里的边际收益指的是，在其他条件不变的前提下，每增加1单位的某种要素的投入所增加的产量进而带来的收益。从短期看，企业资本要素投入不变，因此，企业产出增加主要是依赖劳动力投入量的增加来实现的。如果农民工参加社会保障，社会保障缴费使得企业雇用农民工的边际成本上升，另外在现阶段，企业一般是面临着高度竞争的市场格局，在农民工边际收益不变的前提下，企业为实现利润最大化，有可能降低产出量，进而降低农民工使用数量。即便企业具有垄断性质，但由于社保费用的增加会提高企业的用工成本，从而导致产品价格上涨，在其他条件下变的情况下，产品价格的上涨会使消费者减少对该种产品的消费需求，从而引起用工企业降低产出水平，进而减少对劳动力的需求。这种因用工成本上升，企业产出水平下降所带来的用工需求的减少，在劳动经济理论中被称为规模效应。

（2）对企业长期用工需求的影响。从长期来看，资本和劳动要素的投入都是可以改变的，相互之间可以替代。生产要素价格的变化会导致等成本线的斜率发生改变，从而会使企业对原来的生产要素最优组合重新调整，其调整通过规模效应和替代效应重新实现生产的新的均衡。从替代效应角度分析，将农民工纳入社会保障体系，务工企业缴费必然使用工成本相对提高，在产量保持不变的前提下，企业将选择多使用资本去替代农民工使用数量。从规模效应角度分析，在其他条件（尤其是生产技术）一定的情况下，将农民工纳入社会保障体系，务工企业缴费会对企业的生产成本产生影响，进而导致企业减少生产，而产出规模的变化又会使企业的劳动力需求量发生相应变化。因此，假定生产技术等条件不发生变化时，在规模效应的作用下，将农民工纳入到社会保障体系也会降低务工企业雇用农民工的需求数量。由此可知，用工企业在长期生产中对农民工工资率、社会保障缴费率等方面变化所做的劳动量的调整将要比在短期中更大。换句话说，用工企业雇用农民工的长期需求要比短期需求表现得更富有弹性。可见，不考虑劳动生产率和新产品需求等方面的变化时，农民工社会保障会带来企业用工成本的上涨，此时，规模效应与替代效应都会减少企业的用工需求。

上述对企业用工需求的分析是建立在农民工劳动生产率和技术进步没有发生变化的假设前提之下的，如果放松这一前提条件，结论就会发生变化。根据效率工资理论，农民工的劳动生产率取决于工资率和非工资性福利收入水平，工资和非工资性福利收入水平的提高会激励农民工劳动生产率的提高。例如，农民工健康保障与安全保障水平的提高会改善农民工本人的身体素质和工作环境，而良好的身心素质和工作热情必然有助于劳动生产率的提高,降低单位产出的用工成本。再如,为农民工提供适度的社会保障和提高非工资性福利收入水平会降低农民工的流动性,农民工留在企业的激励越大,而选择离职的机会成本越高。用工企业通过社会保障可以降低农民工离职的频率,从而节省了雇佣和培训新工人的时间和费用。此外,为农民工提供适度的社会保障可以激励农民工更加努力为企业工作,降低企业组织、协调和监督成本,进而节约企业运行成本。按照效率工资思想,企业不可能完全监督其雇员的努力程度,为了解决偷懒、怠工等问题,企业必须增加管理人员,但增加管理人员又会提高组织的监督成本,事实上由于监督成本过于高昂,致使许多监督措施终因得不偿失而搁浅。鉴于此,解决此类问题比较好的办法就是提高工人工资和福利性收入,激励工人工作热情,提高其工作努力程度,同时,提高工人们因偷懒或怠工而被解雇的成本。总之,通过提高农民工福利性收入可以产生激励效应,提高生产效率,进而会部分或全部抵消由于提供社会保障所带来的用工成本的增加。农民工福利性收入还可以激励他们进行人力资本投资,从而有利于企业的技术改良与技术创新。如果把这一因素考虑进来,情况将更加复杂。虽然劳动报酬增加会导致资本替代劳动,但由于技术进步,以及由此带来劳动生产率的提高,同样也可以降低企业的单位生产成本,从而扩大对劳动力的需求;特别是当这种技术进步带来产品创新时,则会由于对新产品需求的增加扩大劳动需求。因此,农民工社会保障对企业用工需求的影响是不确定的。

最后,社会保障缴费对农民工需求的影响还要考虑企业转嫁缴费负担的情况。由于企业处于劳动力市场和产品市场之间,为了实现利润最大化,企业有积极性将其负担的社会保障缴费向其他群体进行转嫁。企业将缴费负担进行转嫁的途径有两种:第一种是,将缴费转移到产品的售价中,由消费者最终负担;第二种是,将缴费转移到务工企业雇用的农民工身上。由于现阶段产品市场价格竞争较激烈,买方市场业已形成,务工企业将社会保障缴费负担转嫁给消费者不大现实,因此,通常情况下,企业会选择将缴费负担转嫁给农民工。在此种情况下,转嫁的方式有两种,企业可以选择减少农民工的使用数量,也可以选择降低农民工的工资。这种转嫁的效果取决于企业和农民工之间力量的对比。由此可见,在一个劳动力丰富的经济体中,劳动的供给弹性大大小于需求弹性,务工企业的劳动需求对工资成本更为敏感,由于劳动者的从业竞争压力较大,社会保障缴费大部分将转由劳动者负担。

我们假设只有企业是社会保障费用的缴纳者,且社会保障费用是按照农民工一定的数量来计征的而不是按照工资总额一定百分比来计算。如图 4-2 所示,横轴表示就业量,纵轴表示的是农民工实际得到的工资。D_0 为缴纳社会保障费用前的农民工劳动需要曲线,S_0 为农民工劳动供给曲线,这里假设农民工数量是较多的,假设农民工最初工资是 W_0,T 为社会保障缴费,则企业的工资成本为 W_0+T,由于工资成本上升,导致企业对农民工的需求由 L_0 降至 L_2,此时只有工资降至 W_0-T,才能恢复 L_0 的就业量,而 L_0 是与以前的均衡工资 W_0 相对应的,意味着原工资水平不变造成了 L_0-L_2 农民工剩余,农民工供给大于农民工需求,形成了降低实际工资的压力,迫使实际工资由 W_0 下降到 W_1,形成了新的均衡,与此同时,就业量随着实际工资的降低由 L_2 上升到 L_1,与 L_0 相比,虽然就业量还是减少了,但与 L_2 相比 L_1 就业量的减少幅度小一些,这是因为由于企业向农民工转嫁了社会保障费用,农民工以实际工资减少和就业水平下降的两种方式部分地承担了社会保障费用。

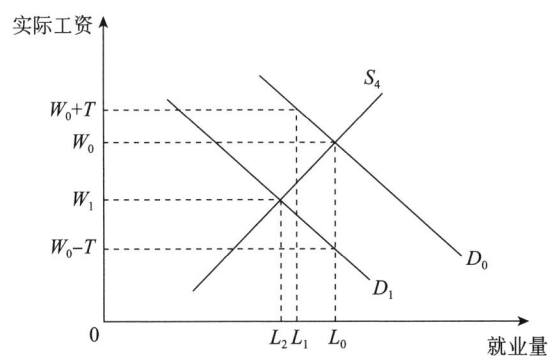

图 4-2 企业社会保障缴费转嫁情况分析

通过以上分析可知,农民工与务工企业共同承担社会保障费用,从图 4-2 来看,农民工承担社会保障费用为实际工资的降低额 W_0-W_1,企业承担余下的部分社会保障费用,关于社会保障费用到底有多大一部分由企业转嫁给农民工,取决于劳动力供给曲线与劳动力需求曲线的弹性大小。劳动力供给曲线的弹性越小,以减少工资方式转嫁给农民工的社会保障费用就越多;反之,以减少工资方式转嫁给农民工的社会保障费用就越少,但就业水平下降的幅度更大。当劳动力供给曲线完全无弹性时,务工企业便将全部的社会保障费用转嫁给农民工。劳动力需求曲线的弹性越大,就业量下降的幅度越大,反之,就业量下降的幅度少,以减少工资方式转嫁给农民工的社会保障费用相应地就减少。

2. 对劳动力需求总量影响的理论分析

经济发展是决定劳动力需求的根本因素。整个社会对劳动力的需求量首先取决于社会经济的发展规模和发展速度。经济发展规模越大,社会生产对物质资料的需求越多,在一定的技术水平条件下,对劳动力的需求也会相应较大(沈琴琴、潘泰萍,2013)[①]。社会保障发展史表明,现代社会保障制度是适应工业化、城市化进程而逐步得到确立的,社会保障制度为各国经济发展和总量增长提供了稳定的社会环境,没有现代社会保障制度,经济社会不可能持续、健康发展。将农民工纳入国家统一社会保障体系是大势所趋,也是历史发展的必然。农民工社会保障制度逐渐完善可以通过下面 4 个途径对经济发展产生积极作用,间接对劳动力需求产生扩张效应。

(1) 农民工社会保障改变农民工对未来预期,提高边际消费倾向,促进经济增长进而拉动就业。根据弗里德曼的持久收入理论、生命周期理论和理性预期学派理论,农民工根据本期收入、预期未来的收入决定自己的消费行为。在没有社会保障的情况下,农民工更多考虑的是未来的消费水平,因此,会提高预防性储蓄,应付未来各种经济社会风险。将农民工纳入社会保障体系后,在社会保障财富效应作用下,农民工会提高即期消费,降低预防性储蓄,从而提高了全社会边际消费倾向,拉动经济增长,进而产生就业扩大效应。

市场竞争机制的特点决定生产要素所有者要按照效率原则进行收益分配。由于不同的生产要素所有者,所拥有的生产要素数量、质量和稀缺程度不同,在市场竞争中的机会也就不均等。例如,农民工个人禀赋的差异、受教育程度、工作经历及社会关系网络状况等因素共同决定了在劳动力市场上的就业机会和就业质量,在竞争机制作用下,必然会产生失业、生活困难等问题,此时,农民工社会保障将发挥财政转移支付功能,尽管转移支付资金不直接形成市场上现实购买力和社会总需求的一部分,但农

---

① 沈琴琴,潘泰萍. 劳动经济学 [M]. 北京:中国人民大学出版社,2013:79.

民工社会保障转移支付会成为农民工消费资金的一部分，进而会提高农民工的购买能力，转化为现实的总需求，而现实总需求的扩大会发挥乘数效应，作用于劳动力市场，对就业产生扩张效果。

（2）农民工社会保障功能的发挥是需要依靠社会保障基金的筹集和运行来予以实现的。将农民工逐步纳入一体化的社会保障系统，这有助于为金融市场提供长期、大量稳定的社会保障资金，推动金融市场金融工具创新和丰富资本市场交易品种。这些都要求证券投资、基金管理、理财和咨询机构等金融服务业提高管理水平和服务能力，需要培养大量专业化的金融服务人才，进而提高金融服务行业对劳动力的吸纳能力，扩大了就业容量。这是农民工社会保障通过金融市场间接产生劳动力需求的作用机制之一；农民工社会保障形成的资金对发挥金融市场资源优化配置作用起到了积极作用，社会保障覆盖面在很大程度上决定了社会保障基金规模，这意味着社会保障覆盖面的扩大会提高金融市场资金供给，有助于降低企业融资成本，进而刺激企业投资，拉动社会总需求，吸纳更多劳动力就业，这是农民工社会保障通过金融市场间接产生劳动力需求的作用机制之二。

（3）农民工社会保障通过城市化和产业结构优化对劳动力产生需求拉动效应。农民工社会保障制度的完善有助于提升城市拉力，加快人口向城市集聚，推进城市化进程。城市化进程的加快为服务业发展创造了需求基础，而服务需求又是服务业发展的原动力。一般来说，农村人口人均收入水平较低，其中有相当大的比例属于自给性消费，不需要通过市场交换，具有封闭性特征；城市人口人均收入较高，产品和服务消费对市场依赖性很强，具有开放性特征。在一个国家里，只有当城市人口在人口结构中所占比例较高时，国民总体消费结构才能有利于服务业发展，服务业结构将进一步优化，新型服务业态才能够出现，此时，只要劳动力职业素质和产业新型业态的需求特征匹配，劳动力就可以较容易实现就业转移和职业转换。

农民工社会保障制度逐渐完善，有利于家庭小型化，进而带动家务劳动社会化和就业岗位的增加。几千年以来，中国农民传承了"养儿防老"的家庭保障思想，而家庭保障与土地保障又紧密地结合在一起，构成了农村传统社会保障的主体。家庭保障体现了家庭成员之间互助互济的关系，而土地保障可以为农村居民提供基本生活保障、收入和就业保障和继承保障。家庭成员数量对于农村传统保障功能的发挥至关重要，一般而言，家庭成员数量越多，家庭成员之间的互助互济保障功能越强。相比较而言，现代社会保障制度的出现促进了生育观念的转变，就个体而言，每个社会成员的养老、医疗、工伤、住房、教育等保障需求更加依赖于现代社会保障体系。

农民工社会保障具有现代社会保障特点，依赖于全社会成员之间互助互济功能的发挥，有助于分散和化解工业化和城市化所带来的经济社会风险。因此，随着农民工社会保障问题的解决，城市经济体的拉力加大，农村人口逐渐进入城市就业、定居，实质性融入所在城市后，消费和投资理念、生育观也会发生转变。在国民经济和社会结构中，城市人口比重和经济总量都会大幅度提高。此时，家庭呈现出小规模化特征，家务劳动对市场的依赖性加强。相对于农村的多代家庭或大规模家庭，小型化家庭特别是两代户家庭、一代户家庭很难通过家庭成员之间、代际之间的互助来分担家务劳动，实现家庭服务的自我供给。因此，家庭规模小型化有利于推动家务劳动社会化，进而创造出大量的新增就业岗位。我国在 1987 年、1995 年、2005 年分别进行了全国 1% 人口抽样调查，数据显示，家庭平均的人口数呈现出明显的递减趋势，1987 年、1995 年、2005 年分别为 4.2 人、3.7 人和 3.13 人[①]。而 2010 年第六次全国人口普查主要数据进一步证实了家庭规模小型化趋势，数据显示，中国大陆地区共有家庭户 401517330 户，家庭户人口为 1244608395 人，平均每个家庭户的人口为 3.10 人，比 2000 年第五次全国人口普查的 3.44 人减少 0.34 人[②]。因此，农民工社会保障加快了农村劳动力转移步伐，有利于农民工及家庭成员实质性融入城市。在经济、政治、社会、文化多种因素作用下，家庭规模小型化、家务劳动产业化必然对劳动力产生引致需求。

（4）将农民工纳入一体化的社会保障体系是一个渐进的、有序的过程。在这一过程中，社会保障法制子系统、管理子系统、监控子系统和业务经办子系统的高效率运转和功能发挥需要建立在其人力资源需求得到充分满足的基础上，因此，非常迫切需要进一步整合社会保险、社会救助、

---

① 姜长云. 中国服务业：发展与转型［M］. 山西：山西经济出版社，2012：119.
② 国家统计局. 2010 年第六次全国人口普查主要数据［M］. 北京：中国统计出版社，2011：41.

住房等社会福利经办机构,尤其是在基层加强农民工社会保障事务经办机构的内涵建设,培养大批专业化的经办人员,适应构建公平、高效、快捷的社会保障一体化服务体系的总体要求。可见,社会保障系统本身的高效运转也会创造出新增的就业岗位,满足社会保障管理范围和经办业务扩展的需要。此外,社会保障覆盖面扩大也会带来公共就业服务、医疗护理服务、养老服务、工伤康复、义务教育、住房建设等方面的新增需求,这些都可以创造出更多的新增就业岗位。

4.2.2 供给效应理论分析

社会保障是现代社会对遭遇各种风险的社会成员实施基本生活保障的一种制度安排。在工业化、城市化进程中,农民工面临着诸如失业、疾病、工伤、养老、住房等多方面的不确定性,社会保障制度覆盖农民工群体将有助于当农民工遇到上述各种风险时获得基本的生活保障,保障农民工劳动能力的生产和再生产,直接或间接对劳动力供给产生影响。以工伤保险为例,工伤保险保障了农民工在工作中遭受事故伤害和患职业病后获得医疗救治、经济补偿和职业康复的权利,保障了受伤害劳动者或其遗属的合法权益,是社会对农民工社会贡献的肯定,有利于增强农民工的工作积极性,提高经济产出能力和工作效率,进而对劳动供给数量和质量产生积极影响。而失业保障可以发挥预防失业和就业促进的功能,在农民工失业期间,再就业培训和职业技能方面的学习有助于农民工掌握新知识、新技术,以适应和满足经济社会结构调整和产业结构升级对劳动力素质带来的新要求,因此,积极的失业保障和就业促进政策对于农民工人力资本的累积和就业质量的提升意义重大,也必将对劳动供给质量的改善产生积极作用。再如,医疗保障有助于患病农民工早日康复、返回工作岗位,延续劳动供给,而子女教育、生育保险、养老保险等保障制度为农民工的代际转换和延续劳动力供给打下了良好的基础。此外,完善的农民工住房保障、子女教育保障和其他福利制度有助于促进农民工实现从非永久性乡城迁移向永久性乡城迁移转变,进而对劳动力产生迁移效应。因此,本书主要从下面三个角度分析农民工社会保障对劳动供给产生的影响,即农民工社会保障的劳动供给数量效应、劳动供给质量效应即人力资本效应和农民工迁移效应。

1. 劳动供给数量效应的理论分析

（1）社会保障对农民工个人劳动供给的收入效应与替代效应。根据劳动经济理论，在工资率和个人偏好保持不变的条件下，收入的变动会使人们改变闲暇时间与工作时间的组合，这种由收入变动所引起的劳动供给的变化被称之为"收入效应"。"收入效应"存在的前提条件是工资率与个人偏好不变。由于人们的偏好不仅受经济因素也受社会因素和文化习俗的影响，且一旦形成通常不会经常发生变化，所以经济学更关心的是工资率和非工资性收入的变动对劳动供给的影响。由于收入的增加可以提高人们满足基本生活需求的能力，从而减少对劳动收入的依赖程度，在工资率不变，也就是闲暇的机会成本不变的条件下，人们通常会选择增加闲暇时间，减少劳动供给。

在收入保持不变的条件下，由于工资率的变化，可以导致闲暇的机会成本发生变化，从而引起人们的劳动供给行为随之发生变化。工资率上升导致闲暇机会成本提高，会使人们减少对闲暇的消费，增加对劳动的供给；反之，则会使人们减少对劳动的供给。劳动经济学把这种因工资率变动所导致的劳动时间的变化称之为"替代效应"。

对于农民工来说，社会保障费的缴纳对其劳动供给也会同时产生替代效应和收入效应。一方面，社会保障费的缴纳，意味着工资率和闲暇机会成本的降低，在替代效应的作用下，农民工可能会选择增加闲暇时间，减少劳动供给；另一方面，社会保障费的缴纳会使即期收入减少，从而导致其为了弥补劳动收入的降低，延长工作时间，增加劳动供给。如果考虑到农民工整个生命周期的收入变化，社会保障会增加农民工整个生命周期内个人财富的现值，使其收入预算约束线会向上发生平移，与较高效用水平的无差异曲线相切，理性农民工会增加闲暇时间，减少工作时间，从而使劳动供给减少。可见，仅从社会保障的替代效应和收入效应来分析，社会保障制度的提供对农民工劳动供给的影响是不确定的，这不仅表现在社会保障的替代效应和收入效应对农民工劳动供给的影响具有反方向变化的特点，还表现在：仅就收入效应而言，由于社会保障费用是即期交纳，未来受益，社会保障的提供对农民工劳动供给的影响也是不确定的。农民工社会保障对劳动供给的影响不仅取决于收入效应与替代效应的比较，还受即期缴费率、未来保障程度，以及市场利率变动等多种因素的影响。

（2）社会保障制度的具体安排会对农民工劳动供给行为产生不同影响。根据劳动经济理论，劳动者是在追求自身效用最大化的前提下来确定劳动供给量的，如果外部经济参数发生变化，劳动者将不断调整劳动供给量，力求达到现有制度约束条件下自身效用最大化。社会保障制度对农民工劳动供给行为的影响也是如此，社会保障制度的具体安排也会使农民工劳动供给决策的外部经济参数发生变化，从而影响其劳动供给行为。通常，社会保障制度按照与就业的关联程度可以划分为：就业关联型社会保障和普享型社会保障制度。

就业关联型社会保障制度以领取工资和薪金的劳动者为主要保障对象，主要包括：就业者和非自愿失业者。社会保障待遇的给付与是否就业（或收入状况）有关。享受社会保险年金或定期补助的权利，直接或间接地取决于受保障主体工作时间或缴纳保险费时间的长短；工伤保障的权利，取决于是否存在雇佣关系；个人领取的养老金等各类年金及失业救济金、残疾补助、生育补助、工伤补助等各类短期补助，往往与其在风险发生前的收入水平有关。就业关联制度的保障方式一般是强制的，由雇主与雇员按一定比例缴纳保险金，国家给予一定补助。就业关联型社会保障制度反映的是经济运行过程中需求引发的支出，而不是从全体社会成员需求角度出发的支出，在一定程度上更强调效率，其再分配功能弱于普享型社会保障制度。

普享型社会保障制度是针对全体社会成员而设计的，以全体公民或居民为保障对象。不论收入多少、工作与否、有无财产，按统一的标准对有需要的人提供保障。资金通常由国家财政拨款。普享型社会保障制度体现了国家通过再分配手段达到创造良好社会环境的目的，是一国政府对全体社会成员特殊保障作用的体现，更强调社会意义和社会公平。普享型社会保障制度通常包括社会救济、社会福利等项目。通常，当一国社会保障体系中就业关联型社会保障制度所占比重较大时，这意味着社会成员为获得养老、医疗等保障待遇必须以实现就业为前提，因此，就业关联型社会保障制度往往引致较高水平的劳动参与率，劳动供给增加，就业竞争激烈。相反，当一国社会保障体系中普享型社会保障制度所占比重较大时，随着普享型社会保障待遇水平的提高，社会成员会在制度工时内最大限度地减少劳动供给,甚至由于较高福利水平导致就业者退出劳动力市场,降低劳动参与率,劳动力供给规模必然减少。这就是普享型社会保障待遇与就业不相关而产生的福利依赖现象。

进一步分析,农民工社会保障制度中就业关联保障项目和普享型保障项目组合模式及保障水平差异都会对劳动供给产生影响,而这种影响的结果是不确定的。再如,农民工养老保障制度所设计的保障支付方式和保障支付水平既可以增加劳动供给数量也可以减少劳动供给数量。按照养老保险待遇给付方式,养老保险制度可分为待遇确定型[①]和缴费确定型[②]。结合现行统账结合养老金给付制度,农民工养老保险待遇由统筹账户部分和个人账户部分组成,统筹账户部分意味着农民工退休时可领取的养老金是确定的,为某一固定金额或工资的一定比例,这个确定数额是根据统一制定的支付公式计算而得到的,农民工在职期间缴纳的养老保险费与统筹账户给付的养老待遇没有直接关联,权利和义务不完全对等,这样,统筹账户部分比例越高将会对包括农民工在内的全体劳动者产生劳动供给的负向激励效应,会降低劳动供给数量。个人账户部分则意味着农民工和用人单位按固定金额或工资的一定比例缴费,其中一部分缴费额将计入农民工个人账户,养老基金管理机构将缴费用于金融资产投资,个人部分缴费额和投资收益均记入农民工个人账户。农民工个人账户部分的养老金待遇水平主要取决于个人账户基金的累积数额,农民工个人缴费额越高,缴费时间越长,未来获得的保障程度越高。因此,个人缴费比例的提高可以对农民工增加劳动供给产生正向激励。可见,农民工养老保障待遇支付方式的选择,即统筹账户部分待遇和个人账户部分待遇组合情况,将对劳动供给数量产生影响,但变动方向具有不确定性。此外,在市场经济条件下,劳动力市场激烈的竞争压力会使低人力资本存量的农民工在临近退休法定年龄

---

① 待遇确定型,是先设定养老保险金为保障一定的生活水平需要达到的替代率,一次确定养老保险金的给付标准,再结合相关影响因素进行测算,来确定养老保险费的征缴比例。因此,这种模式实质上是以支定收的模式。待遇既定模式维持的是短期内的横向平衡,一般没有结余,这种模式是和现收现付模式联系在一起的。

② 缴费确定型,是结合未来的养老负担、基金的保值增值、通货膨胀率、企业的合理负担和工资水平等因素,经过预测,确定一个相当长时期内比较稳定的缴费比例或标准,再根据这个交费标准来筹集养老保险基金,并完全或部分地存入劳动者的个人账户,在劳动者失去劳动能力后,以其个人账户中的金额作为养老保险金或养老保险金的一部分。这种模式实质是以收定支,缴费既定模式维持的是长期内的纵向平衡,通常,这种模式是和完全积累模式联系在一起的。

时面临较大的工作压力,如果养老保障待遇稳定而且保障水平比较高,就会激励他们对提前退休的向往,而且在养老保障待遇给付与退休政策缺乏关联时,延迟退休带来的退休金增加值不足以弥补延迟退休所造成的闲暇减少的损失时,这样,农民工侧重于提前退休以获得更大的效用,退出劳动力市场,这就是较高保障水平和"一刀切"的法定退休年龄制度所产生的引致退休效应。从这种意义上来看,劳动供给会降低。

(3) 农民工社会保障对农民工家庭生育数量产生影响,而人口数量又是决定长期劳动供给的重要变量之一。将农民工纳入现代社会保障体系,逐步完善相关制度,这会对农村家庭养老观念的转变产生一定的推力。从传统家庭养老保障观念来看,家庭生育子女数量是与家庭保障功能的发挥紧密联系的。随着时间的推移,子女扮演保障的角色越来越弱,子女对养老等保障的"效用"会逐渐下降。因此,从长期来看,全社会家庭生育率会有所下降,进而导致劳动力供给数量减少。近两个世纪以来,发达国家的生育率不断下降,一些学者对社会保障制度和生育率的关系进行了相关理论和实证研究,研究结果也证明了社会保障制度会产生降低生育率的机制。例如,Ehrlich 和 Kim 对 28 个 OECD 国家和 29 个非 OECD 国家进行了现收现付制与生育率水平关系的实证研究,样本时间跨度为 32 年,发现随着养老待遇和缴费率的上升,生育率具有下降趋势[1]。而贝克尔在 1994 年的一项研究中指出,无论具有利他主义倾向的父母,还是非利他的父母都存在减少生育子女数量的动机。具有利他主义倾向的父母通常以遗赠的方式向子女进行财产转移,如果子女较多,遗赠成本越高,为了保证向每个子女转移足够的财产,这种类型的父母常常会减少子女生育数量;就非利他的父母而言,子女的重要性逐渐降低,在这种主观感受的支配下,此类父母会觉得养育子女的费用在增大进而选择减少生育子女的数量[2]。

(4) 社会保障对劳动力起到保护、修复作用,而这种制度安排本身也会对劳动者产生激励作用,有利于增加劳动力供给。如果仅从理论上分析,根据理性经济人假设,人们总是在效用最大化的目标下根据外部经济

---

[1] EHRLICH I, KIM J. Social Security and Demographic Trends: Theory And Evidence from the International Experience [J]. Review of Economic Dynamics, 2007, 10 (1): 55 – 77.

[2] 贝克尔. 家庭经济学与宏观行为(上)[J]. 赵思新译. 现代外国哲学社会科学文摘, 1994: 18 – 21.

条件的变化来调整自己的行为。以养老保险制度为例，养老保险制度及与之相关的变量成为劳动者的预算和约束条件，从而改变劳动供给行为。一般来说，养老保险制度对劳动力再生产会产生积极效应，而劳动力再生产又是社会再生产得以延续的基本条件，养老保险制度能满足社会生产活动对劳动力的连续需求。人的生命周期经历了养育、使用和逐渐丧失劳动力三个阶段。其中，只有劳动力使用时期才能与生产活动发生直接联系，创造价值，其他两个阶段都属于纯粹的消费时期，但是这三个阶段是密不可分的，受人的自然成长规律支配。人只有在年少和老年时得到生活保障，才能使劳动力不断延续，而且拥有养老保险可以免除后顾之忧，有利于激发劳动者的生产积极性和创造性，增加劳动供给。由此可见，农民工社会保障制度的完善和发展有助于维系劳动力资源的生存和再生产，社会保障通过收入补偿、支出补偿和互助共济，提供最基本的生活、医疗、安全、子女教育、住房、就业等保障，使暂时处于竞争弱势地位的农民工群体和个人及家庭成员的劳动能力得以维护和提高，成为劳动力市场的后备力量，为未来经济发展和产业结构调整提供长远的人力资源保障。社会保障还可以给低收入水平的农民工提供最低生活保障，赋予农民工及其家庭成员接受医疗和受教育的权利，从而提高劳动者素质，减少劳动力市场结构性失业，也可以减少失业人员的再就业障碍。完善的农民工社会保障制度有助于稳定农民工群体的消费预期和参与经济活动的积极性，鼓励农民工参与竞争，最大限度发挥农民工的个人能力和才智。由于即使竞争失败，农民工仍然有最基本的保障，此时，心理压力和成本随之降低，就业积极性不断提高，进而可以提升农民工就业质量和生产效率，综上，这些都有助于增加劳动供给、提高劳动参与率。

综合上述农民工社会保障劳动供给效应的分析后可知，社会保障对劳动力的保护、修复作用，以及这种制度安排对劳动者的激励作用，有利增加劳动力供给。如果考虑到社保的收入效应与替代效应的作用方向相反，以及社会保障制度的具体安排对保障对象的劳动供给行为的不同影响，社会保障对农民工个人劳动供给的影响是不确定的。

2. 人力资本效应的理论分析

劳动供给质量的提升主要是通过人力资本投资活动实现的，而人力资本投资又主要体现在教育、健康、培训和干中学等方面。农民工社会保障和相关公共服务体系的完善与发展有助于农民工自身人力资本的累积，促进农民工职业素质的提升。更为重要的是，农民工社会保障制度有助于消除农民工及其家庭成员的后顾之忧，可以通过影响农民工群体总预期收入和当期实际收入来影响社会总体消费水平，增加农民工群体对未来预期的乐观性，农民工及其家庭成员就可以把更多的收入用于人力资本投资，而不是用于防范未来风险。因此，随着社会保障覆盖面的扩大，农民工及家庭成员会增加保健、子女教育、在职培训等方面的自主性投资，这也将有利于人力资本的形成和积累。

例如，为农民工提供健康保障，不仅使患病中的农民工尽快恢复健康，而且在一定程度上解决了农民工后顾之忧，有利于人力资本的恢复与再生产，进而促进生产效率的提高，对经济和社会发展有着极其重要的作用。再如，职业伤害所造成的直接后果是伤害农民工生命健康，并由此造成农民工及家庭成员的精神痛苦和经济损失。因此，为农民工提供安全保障，可以使工伤农民工最大限度地恢复劳动能力（在生命延续的前提下），尽快重返工作岗位，而在此时，安全保障制度起到了农民工人力资本修复的功能。此外，农民工社会保障制度的完善对农村生育质量产生一定的影响，进而对提高劳动力供给质量产生积极作用。农民工社会保障制度可以影响农民工家庭在生育时间上的决策。由于健全的农民工社会保障体系可以解决农民工及家庭成员养老、医疗、教育、住房等方面的后顾之忧，使农民工有更多时间进行教育、健康、培训等方面的人力资本投资，提高身体素质和身心素质，特别是新生代农民工更有机会、有时间和有精力通过正规学校教育、在职业技能培训等途径增进人力资本积累，适应劳动力市场需求变化，为实现向上流动和代际转换奠定基础。农民工子女教育、再就业与创业培训等公共服务政策对农民工职业能力建设意义重大，完善相关公共服务政策可以促进农民工合理流动、提高就业质量并且有助于顺利实现职业转换。

农民工社会保障制度的完善有助于提升城市地区的拉力，有助于促进农民工及其家庭成员实现永久性乡城迁移，而乡城迁移活动本身又会带来农民工及其家庭成员实现人力资本增值，产生人力资本效应。主要表现在：第一，从低收入的农村地区向高收入的城市地区迁移，从农业向非农产业迁移，从人力资本水平要求较低的行业向人力资本水平要求较高的行业迁移，一般需要劳动力在迁移之前必须先进行一定的知识准备和技能培训，迁移后还要根据输入地生产经营实际需要进行在职培训，因此，农民工乡城迁移有利于激发农民工特别是新生代农民工学习热情，增加知识储备，掌握符合实际需要的工作技能。第二，农民工及其家庭成员从农村地区迁入城镇，能够接触到迁入地的优秀文化传统、工作作风、先进思想和理念，有助于提高农民工及其家庭成员的自身素质，进而有利于人力资本实现增值。异地就业和生活，逐步锻炼了农民工的社会适应能力和自我管理能力及心理素质，也将有利于农民工自我成长和发展。第三，农民工迁移所获得的经验、技术和资金对反哺流出地农村经济产生了积极作用，极大促进了流出地农村人力资本开发和积累，产生了显著的人力资本效应。

3. 迁移效应的理论分析

农民选择迁移还是不迁移，选择永久性迁移还是非永久性迁移，取决于农民对迁移成本与收益的权衡。作为理性的经济人，农民工通常是依据迁移前后净收益的大小来决定是否继续留城打工还是返乡就业或创业。因此，迁移净收益是农民工迁移决策微观机理的逻辑起点。

（1）农民工非永久性乡城迁移的收益与成本。农民工乡城迁移的收益包括直接收益、间接收益和心理收益，其具体含义如下：①直接收益。农民工乡城迁移的直接收益包括农民工在新的岗位上相对于原来收入的提高和晋升机会的增多。这种直接收益是影响农民工乡城迁移的重要因素，它构成农民工乡城迁移收益的主要部分。直接收益的增加主要表现为货币形态的务工收益和货币收入；②间接收益。一般是指由于新的工作生活环境所提供的各种便利所引起的农民工及其家庭成员部分开支的节省。迁入地齐全的社会公共服务设施、较多的社会福利和完备的社会保障体系等，都有可能为农民工及其家庭成员提供间接的收益，并改善劳动者的生活质量。通常情况下，城市公共部门向农民工提供的各种公共服务，诸如养老保障、医疗保障、住房保障、子女教育保障、就业与培训等项目，是形成间接收益的基础，也可以将农民工获得城市公共服务产生的间接收益称为制度性收益；③心理收益。这主要是指农民工及其家庭成员迁移所带来的非经济效用。它包括新的满意的工作和生活条件及环境、新工作所带来的社会地位的提高、与家人分离后团聚的欢乐、新的良好的人际关系、社会文化生活等。这些都能使劳动者在精神上获得较高程度的满足，获得心理上的收益。

农民工非永久性乡城迁移的成本主要包括：①再就业成本，是指农民工转移至城市就业所需支付的费用，主要包括为寻找工作所支付的搜寻成本和农民工在城市务工之前所需接受培训的成本；②生活成本，是指农民工迁入城市后在衣食住用行等日常生活费用方面的额外支出；③农民工在城乡之间做候鸟式流动的交通成本；④农民工打电话与家人沟通的成本；⑤机会成本，是指农民工进城务工所减少的农业收入，或由于移动和等待工作，没有收入的机会成本等；⑥其他成本，例如心理成本、风险成本等，包括：农民工与其家庭成员因不能经常相聚而承受的痛苦、农民工常年不在家给家庭其他成员增添的劳务负担和精神负担、农民工子女的教育缺失和家庭亲情缺失、由于社会保障制度不完善或劳动就业体制性障碍而放大的经济社会风险等。

（2）农民工社会保障有助于提高乡城迁移收益。农民工社会保障制度的完善有助于提高乡城迁移收益，提升城市拉力，进而推动农民工及其家庭成员实现永久性乡城迁移。首先，农民工社会保障可以促进人力资本积累，进而可以提高农民工及其家庭成员的就业竞争力和就业质量，实现向更高层次的就业岗位移动，晋升机会的增加又可以带来工资性收入等直接收益的上升，进而提高迁移净收益，有利于实现永久性乡城迁移。其次，农民工社会保障制度本身可以增加农民工及其家庭成员的间接收益，提升城市拉力，有利于永久性乡城迁移的实现。最后，农民工社会保障可以增加农民工及其家庭成员迁移所带来的非经济效用，提高心理收益，进而提高迁移净收益，有利于实现永久性乡城迁移。

（3）农民工社会保障有助于降低乡城迁移成本。农民工社会保障有助于降低迁移成本，进而提高迁移净收益，促进农民工及家庭成员实现永久性乡城迁移。其理由主要包括：

首先，农民工社会保障制度的完善和发展有助于分散和化解农民工在城市就业和生活中所面临的风险，而风险成本的降低有利于提高农民工乡城迁移的净收益，进而促进农民工及其家庭成员由非永久性乡城迁移向永久性乡城迁移转变。一般来说，相对于农村户籍地人口来说，农民工在城市工作和生活意味着缺少了土地、家庭和农村社区等最基本的保障因素；相对于流入地户籍人口而言，农民工很可能会由于社会保障制度和城市社区组织互助机制的缺失而使乡城迁移风险放大。农民工在新的环境、新的职业上带有更大的探索性，必将面临更多的不确定因素。农民工在与城市新环境和社会群体的接触中可能会发生更多的摩擦，这些将导致乡城迁移的风险成本偏高。主要表现在：①相对于迁入地户籍劳动力而言，农民工失业风险偏高，更需要失业救济等保障制度分散失业风险。在进城务工之前，农村户籍劳动力在输出地从事传统农业劳动，务工收益可能很低，也很有可能处于隐性失业状态，但基本不存在生活压力，而进城务工以后，农民工乡城迁移过程中的失业风险显性化，而且会威胁到农民工及随迁家庭成员的基本生活保障。同样是处于失业状态，迁入地户籍劳动力可以通过城镇失业保障制度和再就业促进机制渡过难关，再就业机会和失业保障程度会比农民工大得多，因此，失业保障制度完善会有助于农民工乡城迁移风险成本的降低，提高城市的拉力。②健康风险放大而引发的风险成本增加。如果没有固定的居住场所且居住环境较差，生活没有规律，加上大多农民工从事脏重苦累等工作，生理上、心理上受到的损害比不迁移者或流入地户籍人口大得多，很容易引发农民工健康问题，因此，在这种情况下，向农民工提供健康保障有助于降低伤病风险和风险成本。③相对于从事农业生产活动而言，农民工进入非农产业就业将使劳动过程的安全风险放大，从而引发风险成本增加。农民工转移就业前，在户籍地从事农业生产活动，主要面临的是自然风险，而从事简单体力劳动所引发的安全生产风险出现的概率比较低；转移就业后，农民工主要从事机械加工制造、建筑施工、采掘等重体力劳动，出现安全生产风险的概率较高，造成的后果相对严重。因此，在这种情况下，向农民工提供安全保障有助于降低工伤风险和风险成本。

其次，农民工社会保障制度的完善和发展有助于降低农民工乡城迁移所带来的心理成本，而心理成本的降低有利于提高农民工乡城迁移的净收益，进而促进农民工及其家庭成员由非永久性乡城迁移向永久性乡城迁移转变。例如，住房保障制度的完善不仅有利于降低农民工及其家庭成员迁移、居住的显性支出，而且更有助于改变农民工与家人聚少离多的局面，降低农民工孤单的感受和种种不适应，而且，农民工住房的适度保障可以为农民工做长期居住的打算和安排提供可能的便利条件，这也将有益于农民工及其家庭成员妥善处理婚姻、子女教育和老人赡养等事宜，稳定农民工永久性乡城迁移的预期，增强了农民工及其家庭成员对城市融入的期待和信心。再如，子女教育保障和相关公共服务政策的完善有助于农民工家庭整体迁移，降低家庭成员分离所带来的心理成本，提高乡城迁移净收益，加快市民化进程。此外，农民工社会保障制度的完善有助于实现社会保障国民待遇，消除福利歧视，使农民工及其家庭成员享受到与迁入地户籍居民同等水平的福利待遇，这将利于改变传统的、对外来务工人员歧视的观念，降低农民工及其家庭成员由于心理上与城市居民存在隔阂、冲突而带来的心理负担和不适应性，进而降低了心理成本，提高了迁移净收益。

再次，农民工社会保障制度的完善和发展有助于降低农民工乡城迁移所带来的机会成本，而机会成本的降低有利于提高农民工乡城迁移的净收益，进而促进农民工及其家庭成员由非永久性乡城迁移向永久性乡城迁移转变。以失业保障为例，农民工失业保障制度和就业促进机制的完善有助于降低农民工乡城迁移过程中由于就业岗位变动和搜寻工作而没有收入的机会成本，进而利于提高迁移净收益，有助于实现永久性乡城迁移。

最后，流入地社会保障等公共服务政策的完善提升了城市的制度拉力，可以吸引农民工家庭成员迁移到城市学习和生活，这有利于降低交通成本、沟通成本等显性支出，进而利于提高迁移净收益，有助于实现永久性乡城迁移。

4.2.3 结论

农民工社会保障对劳动力需求的影响表现为：从短期来看，通过规模效应的作用会减少对劳动力的需求；而从长期来看，则通过规模效应和替代效应的双重作用，会强化对劳动力需求减少的效应。但是如果考虑到社会保障对农民工激励作用，以及由此带来的劳动生产率的提高、技术进步所带来的新产品的需求等因素的影响，对农民工提供社会保障又会有利于扩大对劳动力的需求。根据发达国家对劳动者提供社会保障的经验，适度的社会保障水平从长期看，不仅不会减少对劳动力的需求，还会由于这种制度安排对经济增长与社会稳定的促进作用，扩大对劳动力的需求。

农民工社会保障对劳动供给的影响，从替代效应角度分析会减少个人的劳动供给。从收入效应的角度则会增加劳动供给；然而考虑到社会保障会增加农民工整个生命周期内个人财富的现值，收入效应又会减少农民工对劳动的供给。再考虑到社会保障制度的不同安排会对农民工劳动供给行为产生不同影响，社会保障通过生育率的变动，以及对劳动力所产生的修复作用，社会保障对农民工劳动供给数量的影响也是不确定的。但是从社会保障对劳动供给所产生的人力资本效应和迁移效应相关分析可知，为农民工提供适度社会保障有利于农民工的人力资本积累，从而提高劳动力的供给质量，推进农民工市民化进程。

综上所述，作者认为：从长期看，农民工社会保障制度有利于扩大劳动力需求，提高劳动力的供给质量，不仅有利于优化劳动力市场运行的制度环境，还有利于推进中国工业化与城镇化进程。

第 5 章

农民工社会保障制度及其实施情况

5.1 总体情况

健全的社会保障体系，是现代经济社会的"稳定器"，是社会和谐安定的重要基础。健全社会保障体系要更加注重消除制度盲点，更加注重政策衔接，更加注重对弱势群体的帮扶。为了妥善解决农民工社会保障问题，国家和有关部门制定了大量的相关法律、法规和部门规章，详细情况见附录——我国有关农民工社会保障的政策规定。按照现行规定，涉及农民工就业和劳动权益保障的政策可以分为总体要求类、安全保障类（工伤保险为主）、医疗保障类、养老保障类、失业保障和就业促进类，此外，各级政府对农民工住房保障、子女教育保障和农民工公共服务机制等方面进行了有益探索，部分地区还形成了适合所在城市农民工实际情况的公共服务政策。

从 21 世纪初，北京、上海、广东、浙江、成都、青岛等地区就展开了探索农民工社会保障制度建设的地方实践，积累了一定的经验，形成了农民工社会保障的地方实践模式，主要有 4 类模式：①城保模式，该模式是直接将农民工纳入城镇职工社会保险体系中，逐步扩大农民工社会保险覆盖面的比率；②双低模式，即考虑到农民工的缴费能力和就业质量的现状，在城镇职工社会保险制度基础上，适当降低缴费水平和相应的保障水平；③综保模式，该模式是为农民工专门设计的，自成体系，具有多种保障项目的综合型保障模式；④农保模式，将农民工纳入流出地农村社会保障体系中。

农民工社会保障制度建设的总体效果可以通过国家统计局全国农民工监测调查年度报告的统计数据予以分析和说明。从统计数据看，农民工社会保障扩面力度不断加强，除工伤保险参保率保持稳定之外，各类社会保障的参保率都在上升。其中养老保险的参保率由2008年的9.8%提高到2012年的14.3%；医疗保险的参保率由2008年的13.1%提高到2012年的16.9%；失业保险的参保率由2008年的3.7%提高到2012年的8.4%；生育保险参保率由2008年的2%提高到2012年的6.1%[1]，见表5-1。

农民工参保人数也不断增加。以养老保险为例，2006年，农民工参加城镇职工养老保险的人数只有1417万人，2007年为1846万人，和2006年相比，增幅为30.3%；2008年达到2416万人，较2007年增加570万人，增幅为30.9%；2010年农民工参加养老保险人数达到3284万人，较2009年增长637万人，为养老保险扩面人数最多的一年[2]。

表5-1　　　　　　　　外出农民工参加社会保障的比例　　　　　　　单位：%

	2008年	2009年	2010年	2011年	2012年
养老保险	9.8	7.6	9.5	13.9	14.3
工伤保险	24.1	21.8	24.1	23.6	24.0
医疗保险	13.1	12.2	14.3	16.7	16.9
失业保险	3.7	3.9	4.9	8.0	8.4
生育保险	2.0	2.4	2.9	5.6	6.1

数据来源：国家统计局发布2012年全国农民工监测调查报告

然而，从农民工社会保障主要项目的参保水平来看，社会保障覆盖面还是比较低的。在农民工社会保障覆盖扩面政策的具体实施过程中，仍然存在一些因素阻碍外出农民工参保比例的进一步提升，据调查，只有一些

---

[1] 国家统计局. 2012年全国农民工监测调查报告[EB/OL]. http：//www.stats.gov.cn/tjfx/jdfx/t2013/05/27, 2013-05-27.
[2] 任兴洲等. 中国住房市场发展趋势与政策研究[M]. 北京：中国发展出版社，2012：56-59.

较大的企业，工作年限较长、工作比较稳定的农民工，才参加社会保险；而众多的小微企业和那些工作年限不长、工作流动性大、工资收入较低的农民工，很多都没有参加社会保险。

5.2 地方模式

随着新型城市化的加快推进，城乡二元体制不断被破除，农民加快向城市转移的体制和机制全面建立，人口城市化进程将进一步加速，需要构建并推进实施科学的政策支持体系，按照统筹兼顾的实践要求，重点解决农民工的就业和社会保障问题。因此，系统梳理、科学总结现阶段国内各地区对农民工就业和社会保障制度建设的实践经验及制度运行困境显得尤为必要。在对我国现阶段农民工社会保障相关法规和政策进行系统梳理和深入分析的基础之上，从农民工社会保障制度建设角度，可以将农民工社会保障制度供给模式划分为4种，具体包括：①不对原有城镇职工社会保障体系进行调整，直接将农民工纳入城镇职工社会保障体系的"城保模式"；②结合农民工自身特点，对城镇职工社会保障政策进行微调，形成了农民工社会保障的"双低模式"；③量体裁衣，单独为农民工设计了综合社会保障政策，简称"综保模式"；④将农民工纳入流出地农村社会保障体系的"农保模式"。

5.2.1 "城保模式"相关政策与评价

农民工社会保障的"城保模式"的基本思路是：将农民工和其他城镇企业职工视为具有平等地位的劳动者，应该纳入城镇职工养老、医疗、工伤、失业、生育等社会保险制度予以覆盖，依法由用人单位和农民工缴纳费用，享受相关社会保障待遇。这种模式也可以被看为城镇职工社会保险制度直接扩面，不需要进行制度修正而直接用于农民工群体。

1. "城保模式"相关政策

由于各地区在经济情况、生活水平、保障能力等方面存在差异，城镇职工社会保障内容及标准会存在一定的区别，但基本上由 6 个部分组成。各部分保障标准一般为：①职工基本养老保险费。职工基本养老保险费，保障职工退休后的基本生活，由政府统一规定费率确定职工基本养老保险费，基本养老保险费由单位和个人共同承担，单位按职工本人上一年度月平均工资的 20% 左右缴纳，个人按职工本人上一年度月平均工资的 8% 左右缴纳。②职工基本医疗保险费。职工基本医疗保险费由单位和个人共同承担：单位按上年度月平均工资的 8% 左右缴纳，个人按上年度月平均工资的 2% 左右缴纳。③职工失业保险费。为了保障职工失业期间的基本生活保障和再就业，政府推出职工失业保险，职工失业保险费由单位和个人共同承担，单位按职工本人上月工资总额 3% 左右缴纳，个人按本人上月工资总额 1% 左右缴纳。④职工工伤保险费。政府为保障职工因工作事故伤害或者患职业病的职工获得医疗救治和经济补偿而建立职工工伤保险，缴纳标准为，企业按职工工资总额的 0.5% 缴纳，个人免缴。⑤女职工生育保险费。政府为保障女职工在生育期间获得必要的经济补偿和医疗保健而建立女职工生育保险，缴纳标准为：企业按职工工资总额的 0.8% 缴纳，个人免缴。⑥职工住房公积金。职工住房公积金是单位和在职职工每月缴存的长期住房储蓄金，职工住房公积金属职工个人所有，单位和在职职工每月缴存的职工住房公积金按本人上一年度月平均工资的 10% 左右比例缴纳。

除了上述社会保障政策之外，实行"城保模式"的地区又对农民工及其家庭成员的医疗保障、子女教育保障、住房保障和就业保障等方面进行了探索，出台了一些具有针对性的措施，旨在为农民工提供适度、有效的社会保障公共服务，提升社会保障均等化水平。以区域中心城市——沈阳市为例，近 10 年该副省级城市相关政府部门在制定政策和提供社会保障公共服务上都有意识地向农民工倾斜，加快常住农民工社会保障政策支持体系建设的步伐。主要政策和措施包括：①对农民工工伤保险待遇给付，采取就高政策。按政策规定，农民工要求一次性领取工伤待遇的，一次性支付标准，以沈阳市上年度职工年平均工资为赔偿基数，其中：一级伤残为赔偿基数的 14 倍，二级伤残为赔偿基数的 12 倍，三级伤残为赔偿基数的 10 倍，四级伤残为赔偿基数的 8 倍；因工死亡且没有供养亲属的，为赔偿基数的 8 倍，有供养亲属 1 人的，为赔偿基数的 9 倍，有供养亲属 2 人以上的，为赔偿基数的 10 倍。②医疗保障扩面政策灵活性有所提高。2011年，沈阳市要求所有用工单位必须为职工缴纳职工医保，并允许农民工未成年子女参加城镇居民基本医疗保险，允许外地户籍来沈务工的灵活就业人员和打零工的农民工及其未成年子女可自愿参加沈阳市居民医保，享受居民医保待遇。③公租房相关政策开始向农民工倾斜。2012 年沈阳市出台了《关于租赁社会房源实施公租房保障有关问题的通知》《沈阳市公共租赁住房实施细则》，已对符合申请公共租赁住房条件的农民工家庭实施了公租房保障。沈阳市房产主管部门已会同沈阳市总工会对政策进行深入研究，决定在新建公共租赁住房中提供不低于 10% 的房源以解决外来务工人员的住房问题。但是，相关政策对农民工纳入公租房保障体系设置了一定条件，即：符合条件的农民工家庭，已纳入沈阳市公共租赁住房保障范围，具体条件为：人均可支配月收入 1700 元（满 28 周岁的单身家庭可支配月收入低于 2500 元），申请家庭成员在沈阳人均住房建筑面积低于 16 平方米，在沈阳连续缴纳社会养老统筹保险满 1 年以上，有稳定工作，满足上述条件即可申请沈阳市公共租赁住房。④强化重点领域农民工社会保障权益维护机制。2010 年，《沈阳市建设工程社会保障费管理办法》颁布并实施，该办法第五条明确规定："缴纳社保费采取建设工程开工前预缴，竣工后结算的办法。建设工程项目竣工后，按实际建设工程总造价结清社保费，凭社保费结清手续办理工程竣工验收备案手续。"同时，该办法还明确了监管职责，市级建设行政主管部门负责全市建设工程社会保障费的统一管理、市级财政部门负责社保费财政专户管理、市级人力资源和社会保障部门负责保费的核定。由此可见，作为农民工就业较集中的领域，建筑企业社会保障监管机制得到进一步加强，监管责任也得到了相应的明确。⑤早在 2004 年，沈阳市就明确提出：全市实施义务教育的公办小学、初中，对符合来沈务工就业农民子女条件的借读生免收借读费。每年设立学前教育专项经费，支持新建、改扩建普惠性幼儿园，教育公共服务涵盖农民工子女。

2. "城保模式"评价

尽管"城保模式"体现了政策统一性和公平性，但是，现有城镇职工社会保障体系是针对在正规部门就业的、具有较低流动性和稳定收入的劳动者而设计的，不完全适合现阶段我国大多数农民工的就业特点和收入状况,主要表现在:①缴费水平太高,超出了农民工和中小企业的承受力;②统账结合的资金筹集模式不适合农民工高度流动的工作状态,当农民工转向外地工作时,只退给本人缴纳的个人账户积累的资金,社会统筹部分留在参保地,这种做法大大降低了农民工参保积极性,参保激励功能严重弱化;③统筹层次低、养老等关系接续复杂,对劳动力合理流动产生抑制作用。从制度实践来看,制度门槛高、不适应农民工就业特点等因素使得各地区实际参保率很低而退保率较高。

5.2.2 "双低模式"相关政策与评价

1. "双低模式"相关政策

"双低模式"的主要特点是:在不改变城镇职工社会保险制度框架的前提下,通过制度微调,降低各保险项目缴费基数和缴费比例,进而降低农民工参保的制度门槛。这种做法考虑了农民工群体整体收入水平较低、承受力较差等特点,目的是兼顾制度衔接性和社会保障扩面要求,采取过渡形式,最终实现社会保障体系全覆盖。按照这种模式对农民工社会保障制度进行探索、并且具有一定代表性的地区主要包括:北京市、浙江省和深圳市。

以北京市为例,2001 年出台并实施了《北京市农民工养老保险暂行办法》,根据这一暂行办法,养老保险费由用人单位和农民工共同缴纳。用人单位以上一年北京市职工月最低工资标准的 19%,按招用的农民工人数按月缴纳养老保险费。农民工本人以上一年北京市职工月最低工资标准为基数,2001 年按 7% 的比例缴纳养老保险费,其个人缴费由用人单位在发放工资时代为扣缴。个人缴费的比例,今后随着企业职工缴费比例进行统一调整,最终达到 8%。农民工个人缴费全部记入个人账户,用人单位缴费的一定比例也记入个人账户,最终实现个人账户 11% 的比例;当农民工达到国家规定的养老年龄时可以一次性领取基本养老金。

2004 年,北京市出台《北京市外地农民工参加工伤保险暂行办法》和《北京市外地农民工参加基本医疗保险暂行办法》,明确提出:做好外地农民工参加社会保险工作,首先要从参加工伤保险和医疗保险实现重点突破。先行抓好外地农民工工伤保险和妥善解决外地农民工在务工期间的大病医疗保障问题,用人单位必须按照《北京市外地农民工参加工伤保险暂行办法》和《北京市外地农民工参加基本医疗保险暂行办法》的要求,为招用的外地农民工办理参加工伤保险和医疗保险手续并缴纳费用,使外地农民工在北京市务工期间受到事故伤害或患职业病和患大病有关待遇问题得到妥善解决。在该办法中,用人单位的工伤保险缴费责任得到进一步明确即外地农民工参加工伤保险,由用人单位缴纳工伤保险费,个人不缴费;外地农民工参加北京市基本医疗保险,由用人单位缴纳基本医疗保险费,外地农民工个人不缴费。

2. "双低模式"评价

"双低模式"是实施"低门槛准入,低标准享受"的农民工社会保障模式,该模式有利于推进农民工社会保障扩面工作,对实现农民工社会保障权益产生了积极作用。"双低模式"制度供给在一定程度上满足了农民工的社会保障需求,而同时兼顾了制度体系的统一性。但从覆盖率角度来看,由于各地区推行"双低模式"时保费率降低幅度存在较大差异,该模式推进各地区农民工参保扩面的实际效果也大不相同。例如,以2007年农民工医疗保险为例,北京和深圳都实行了"双低模式",但由于深圳农民工医疗保险缴费标准仅为北京的1/3,而深圳农民工医疗保险待遇明显优于北京,尤其是深圳参保农民工可以享受门诊医保待遇,这对农民工具有较大的吸引力,实际政策效果显著,见表5-2。

表5-2　2007年北京与深圳农民工医疗保险缴费与待遇比较一览表

	北京	深圳
缴费标准	36元	12元(固定)
缴费主体	用人单位	用人单位承担8元,农民工承担4元
保障项目	1. 住院医疗 2. 恶性肿瘤放射治疗和化学治疗、肾透析、肾移植后服抗排异药物的门诊医疗费用	1. 门诊医疗 2. 住院医疗 3. 参保人慢性肾功能衰竭门诊透析,器官移植后门诊用抗排斥药,及恶性肿瘤门诊化疗、介入治疗、放疗或核素治疗发生的医疗费用,属于药品目录、诊疗目录范围内的,由住院统筹基金支付50%

第5章 农民工社会保障制度及其实施情况

续表

	北京	深圳
起付线	1. 1300元（第一个结算期） 2. 650元（一个年度内第二个及以后每个结算期）	1. 门诊：使用单项价格90元以下的诊疗项目或医用材料，门诊基金全额支付；单项价格在90元以上的门诊基金支付90元 2. 住院：一级以下医院200元；市内二级医院300元；市内三级医院400元；市外医院500元
封顶线	1. 年基本医疗保险统筹基金：5万元 2. 年大额医疗互助基金：10万元	1. 缴费不满一年：上年度本市城镇职工平均工资的0.5倍 2. 缴费半年到一年：上年度本市城镇职工平均工资的1倍 3. 缴费一年到三年：上年度本市城镇职工平均工资的1.5倍 4. 缴费三年以上：上年度本市城镇职工平均工资的2倍 （2006年深圳城镇职工平均工资为31135元，则年封顶线在15568－62270元）
报销比例	1. 基本医疗保险基金报销：住院医疗费用低于1万元，报销比例80%－85%；1万－3万元，报销比例85%－90%；3万－4万元，报销比例90%－95%；4万元以上，报销比例95%－97%； 2. 大额医疗互助基金报销：5万－10万元，报销70%	1. 门诊报销：甲类药100%，乙类药80% 2. 住院报销：市内一级以下医院95%，二级医院90%，三级医院80%，市外医院70%
待遇享受时间	缴费当期享受相关待遇	缴费次月起开始享受相关待遇

资料来源：根据北京、深圳两地相关政策、法规资料进行整理

5.2.3 "综保模式"相关政策与评价

1. "综保模式"上海实践

(1) 上海农民工综合保障制度产生的背景。

近几年来，上海市的外来从业人员尤其是外来农民工人数增长较快。人口统计资料显示，2012年末，上海市外来常住人口为960.24万，占全部常住人口的40.3%[①]。外来常住人口中，逾7成为农民工（即16周岁及以上具有农业户籍的农村劳动力）。农民工不仅成为产业工人的重要组成部分，而且成为城市建设和服务的重要力量。为了切实、有效解决外来农民工等从业人员的社会保障问题，上海市人民政府根据外来从业人员自身就业特征和需求状况，在2002年9月1日起实施了《上海市外来从业人员综合保险暂行办法》，率先推行农民工等外来从业人员综合保险。包括农民工在内的外来从业人员综合保障制度的实施和建设，这对加快上海市城乡社会保障体系建设进程、不断扩大基本社会保障覆盖面产生了积极影响。2011年，上海市政府发布《上海市人民政府贯彻国务院关于开展城镇居民社会养老保险试点指导意见的实施意见》，明确自2011年7月1日起全面实施城镇居民社会养老保险制度。根据现行政策，凡与上海市用人单位建立劳动关系的外来从业人员均应参加上海市城镇职工基本保险（简称职保）。目前，上海市已基本完成外来农民工综保转职保改革，这是农民工社会保障市民化工程持续推进的标志性事件之一，也为农民工社会保障待遇的稳步提高奠定了基础，见表5－3。

表5－3　　"十一五"期末上海市主要社会保障制度简表

制度名称	包含险种	资金来源	覆盖对象
城镇职工社会保险	养老、医疗、失业、工伤、生育	主要是个人和单位缴费，市财政从2003年起进行补贴	本市城镇范围内各类单位及其具有城镇户籍的从业人员、本市农村富余劳动力、外国人、港澳台人员、部分外省市农民工，本市城镇户籍灵活就业人员和离退休人员

---

① 国家统计局上海调查总队.上海市外来农民工参加社会保障专项调查 [EB/OL]. http://www.stats-sh.gov.cn/fxbg/201307/258596.html, 2013-07-25.

续表

制度名称	包含险种	资金来源	覆盖对象
小城镇社会保险	养老、医疗、失业、工伤、生育	单位缴费	本市郊区范围内用人单位及其具有本市户籍的从业人员，被征用地人员，灵活就业人员和领取养老金人员
外来从业人员综合保险	养老、医疗、工伤	单位缴费	本市单位使用的外省市从业人员
农村社会养老保险	养老	个人和单位缴费，集体经济，区县、乡镇财政投入	本市农村地区的乡镇企业从业人员，农副业从业人员及领取养老金人员
新型农村合作医疗	医疗	个人、集体、政府共同筹资	本市农村户籍人员，以家庭为单位参保
城镇老年居民养老保障	养老	市财政	65岁以上，在上海居住生活30年，其中上海城镇户籍15年的无保障城镇老人
城镇居民医疗保险	医疗	个人缴费、市财政补贴	本市户籍中小学生和婴幼儿、本市城镇户籍18周岁以上未参加"城保""镇保"的人员
大学生医疗保险	医疗	学校、市财政	本市普通高校（科研院所）的全日制学生

资料来源：根据上海市人民政府公布的相关法规、政策资料进行整理

（2）上海农民工综合保障制度主要特点。

上海农民工综合保障模式是将农民工的养老保障、医疗保障和工伤保险等多个项目放在一个统一的制度框架内，对一揽子保险项目进行统一承保，由上海市人力资源和社会保障部门委托商业保险公司进行运作，即由政府征缴保险费，政府代表农民工等外来从业人员在商业保险公司购买相关险种，政府鉴定相关的工伤等级等事项，而保险公司负责保险费的发放和工伤理赔等事务。上海农民工综合保障模式最显著的特点是：简单易行、缴费成本较低、用人单位承担全部缴费责任和商业化运作。简单易行主要指实行综合保险，三险合一，统一征收，手续办理简化。缴费成本低则体现在：规定用人单位必须按上海市职工上年平均工资的60%作为缴费基数，按照12.5%的缴费比率缴纳综合保险费，其中养老补贴为7%，大病医疗和工伤保险为5.5%，相对于城镇户籍职工缴费水平而言，该水平

较低,容易吸收用人单位参加综合保险。用人单位承担全部缴费责任,而农民工本人完全不承担缴费责任,有利于降低农民工生存成本,而且在这一前提下,农民工不缴费还可以享受一定的保险待遇,这也有利于激励外来农民工监督用人单位依法缴费,维护农民工自身社会保障权益。商业化运作则较好适应了农民工的就业特征,灵活地处理了农民工就业地域变动和保险待遇实现之间的矛盾,原因在于:商业保险公司借助其在全国设立的分支机构和营业网点进行商业化运作,参加综合保险的农民工凭借参保凭证(说明:该模式下不设立个人账户,只做养老补贴,连续缴费满1年可获得1份老年补贴证)、身份证明,在男满60周岁、女满50岁时,就可以到当地的营业网点领取养老补贴,具有较大地灵活性。

(3) 上海农民工综合保障制度实施效果。

根据现行政策,凡与上海市用人单位建立劳动关系的外来从业人员均应参加上海市城镇职工基本保险(简称职保),而实施近10年的外来从业人员综合保障逐步会并入到城镇职工社会保障体系中。根据国家统计局上海调查总队2013年1月外来农民工专项调查数据显示①,在2648名上海市外来农民工中,参加职保②的占43.2%(如图5-1所示)。据此推算,上海市外来农民工中参加职保的人数约300万。

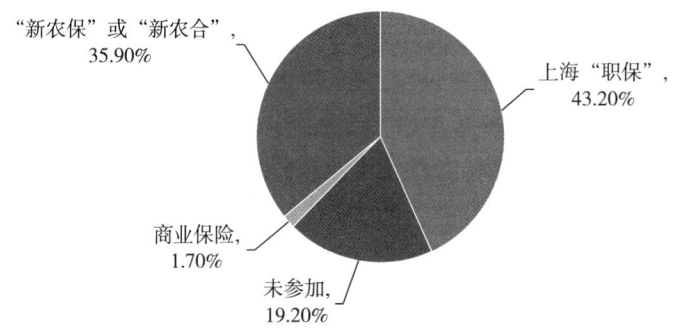

图5-1 上海市外来农民工参加各类社会保险比重

---

① 国家统计局上海调查总队. 上海市外来农民工参加社会保障专项调查 [EB/OL]. http://www.stats-sh.gov.cn/fxbg/ 201307/258596.html,2013-07-25.

② 这里的"职保"是指城镇职工社会保险,具体参保项目包括基本养老保险、基本医疗保险、工伤保险、生育保险和失业保险。

三成以上来沪参加工作的农民工选择在老家参保,因为在调查对象中,35.9%的外来农民工未在上海市正规就业或未与用人单位形成稳定的劳动关系,这在很大程度上制约了这部分农民工参加职保。分险种看,单独参加新型农村社会养老保险(简称新农保)的占0.5%,单独参加新型农村合作医疗(简称新农合)的占12.1%,既参加新农保又参加新农合的占23.3%。此外,据调查,上海市外来农民工中,除参加职保、新农合或新农保之外,另有1.7%参加了商业保险。未参加任何保险的占19.2%,主要是流动摊贩、钟点工、小区废品回收人员或暂未就业者等。

从制度演进和创新发展的角度来分析,上海市外来从业人员综合保险制度具有历史进步性,政策效果明显,近五成的农民工从中受益,农民工获得社会保障权益的制度障碍基本解除,也为实现城乡社会保障体系一元化这一目标奠定了过渡性的制度基础。以工伤保险制度实施效果为例,上海市工伤保险制度建立之初,将全市各类用人单位使用的从业人员分别纳入了工伤保险和综合保险的覆盖范围。随着制度办法的完善和发展,全市工伤保险制度对各类用人单位及其使用的各类职业人群实行了全覆盖,即:不分单位所有制性质,不分户籍和用工方式,都应参加工伤保险。据统计,截至2012年12月底,全市工伤保险参保人数已从2004年的693万人增加到900万人,其中农民工339万人。2004年至2012年12月,累计享受工伤保险待遇人数超过32万人[①]。城乡劳动者获得社会保障权益的公平性正逐步显现出来,户籍制度对农民工就业及社会保障福利的制约效应正在弱化。最近一个时期,上海市正逐步取消实行了近10年的外来人员综合保险,实行综保转职保,保障水平大幅提升。这一事件充分说明了:农民工综合保险、城镇职工基本保险和新农保等多层次的保障制度随着经济发展、就业环境的改善和劳动力市场建设的加快,渐进地向城乡统筹制度安排转变,尽管目前城乡社会保障体系主要表现为非均衡性,但是,上海市社会保障制度区域一体化发展趋势已经凸显,城乡社会保障体系一元化目标的实现可期。

2."综保模式"成都实践

改革以来相当长的时间里,我国主要进行以市场为取向的经济体制改革,社会管理体制改革滞后,对农民工进城就业、农民工福利政策和农民

---

① 国家统计局上海调查总队. 上海市外来农民工参加社会保障专项调查[EB/OL]. http://www.stats-sh.gov.cn/fxbg/201307/258596.html,2013-07-25.

变市民准备不足。因此，非常有必要从转变城乡二元经济结构、统筹城乡经济社会发展的角度出发，推进农民工社会管理体制的改革并做好相关制度设计。作为统筹城乡发展综合配套改革试验区，成都市不断创新体制机制，加快城乡一体化社会保障政策体系的建设步伐，建立和实施农民工综合社会保险制度，本文认为主要有以下几个方面的经验值得总结和借鉴。

首先，在中国西部地区率先实施农民工综合社会保险制度，有力推进了本区域统筹城乡社会发展的进程。2003 年，成都市政府出台了《成都市非城镇户籍从业人员综合社会保险办法》，在全市启动实施农民工综合社会保险。通过不断调整完善政策，从 2008 年 5 月起，参保农民工在缴费标准保持不变的情况下，保险待遇扩大到老年补贴、工伤补偿、住院医保和门诊、生育、失业补贴 6 项，即"一项缴费，六项待遇"。截至 2011 年末，全市农民工综合社会保险参保突破 140 万人[1]。该制度的实施不仅有利于改变农民工群体保障不足的现状，而且更有利于推进农民工市民化的进程。以非城镇户籍从业人员转化为城镇户籍为例，综合保险可直接转为城镇基本社会保险，而且参保年限和个人账户余额可以连续计算，不会产生中断所带来的权益损失问题，这有利于消除农民工参保的后顾之忧。

其次，实施农民工与城镇职工一体化社会保险制度。2011 年 4 月，在全国率先实施农民工综合社会保险并轨接续城镇职工社会保险，完成了特定历史背景赋予农民工综合社会保险的特殊历史使命，实现了农民工与城镇职工社会保险制度一体化，全域成都城乡劳动者平等享有社会保险待遇。成都市 2012 年度统筹城乡发展评价监测报告结果显示，2012 年度成都市统筹城乡发展总体实现程度达 79.9%[2]。按照评价体系关于统筹城乡发展进程 5 个阶段的划分标准（城乡分割（50 分以下）、初步统筹（50 - 60 分）、基本统筹（60 - 70 分）、整体协调（70 - 85 分）和全面融合（85 分以上）），2012 年成都市统筹城乡发展水平继续处于整体协调阶段。由此可见，成都市统筹城乡发展的创新实践工作取得了预期效果，为实现城乡一体化长远目标奠定了坚实的基础。

---

[1] 成都市统计局. 成都市 2012 年度统筹城乡发展评价监测报告 [EB/OL]. http://www.cdstats.chengdu.gov.cn/detail.asp?ID=75343&ClassID=02080203, 2013 - 05 - 16.

[2] 成都市统计局. 成都市 2012 年度统筹城乡发展评价监测报告 [EB/OL]. http://www.cdstats.chengdu.gov.cn/detail.asp?ID=75343&ClassID=02080203, 2013 - 05 - 16.

再次,积极构建、发展和谐劳动关系,为农民工社会保障扩面工作创造有利条件。农民工综合保障制度安排的重点覆盖对象是在城镇具有相对稳定就业特征的农民工,而稳定就业和社会保障权益维护的重要前提是全面实施劳动合同制度,积极构建和谐劳动关系。现阶段我国社会保障制度的主体是就业关联型的社会保险制度,稳定的就业关系和高质量的就业水平是农民工社会保障扩面工作顺利推进的重要基础,因此,成都市全面实施劳动合同制度三年行动计划,积极推进和谐劳动关系"四项创建"工作,即指创建劳动关系和谐企业;创建和谐劳动关系工业园区;创建和谐劳动关系乡镇(街道)和社区;创建劳动合同制度实施示范城区。通过深入推进企业劳动关系集体协商工作,全市最低工资标准年均增长13.6%,全市单位职工平均工资年均增长12%。到2011年末,全市创建达标市级以上和谐劳动关系工业园区、商务园区33个、街道(社区)乡镇72个、劳动合同制度实施示范城区8个、企业1184户,成为全国首个中心城区全部达标省级劳动合同制度实施示范城区的城市;全市各类城镇企业职工劳动合同签订率达到97.9%,其中农民工劳动合同签订率达到96.5%;全市集体合同签订率达到84.5%①。

最后,城乡一体的劳动保障维权体系基本形成。劳动保障监察实施网格化、网络化管理,助力农民工劳动保障维权工作。成都市劳动保障监察"两网化"管理体系实现全覆盖,劳动争议仲裁机构实现"实体化",市、区、县(市)和乡镇(街道)协调处理劳动争议的三级网络平台初步形成。"十一五"期间,成都市劳动保障监察机构共监察用人单位74383户,受理举报投诉案件30649件,办理各类违法违规案件90130件,结案率保持在97%以上。成都全市劳动争议仲裁机构受理劳动争议案件37204件,结案率保持在90%以上②。

此外,成都市城乡一体的就业促进和就业援助制度体系更加完善,就业保障工作制度化、长效化。在全国率先开展城乡就业实名制动态管理,将公共就业服务延伸到乡镇(街道)、村(社区)和农民集中居住区。在

---

① 成都市统计局. 成都市 2012 年度统筹城乡发展评价监测报告 [EB/OL]. http://www.cdstats.chengdu.gov.cn/detail.asp? ID = 75343&ClassID = 02080203,2013 – 05 – 16.

② 成都市统计局. 成都市 2012 年度统筹城乡发展评价监测报告 [EB/OL]. http://www.cdstats.chengdu.gov.cn/detail.asp? ID = 75343&ClassID = 02080203,2013 – 05 – 16.

全国率先开通"就业援助962110"热线电话,率先建立失业保险基金促进就业机制和紧急就业援助机制,首创城乡就业督导督察机制,实现了城乡就业督察督导长效化。

3."综保模式"评价

"综保模式"是针对农民工特点而专门设计的一种保障制度模式,该制度模式明确了用人单位所要承担的雇主责任,优先解决农民工的工伤、住院医疗保障,同时兼顾养老需求;实行较低的缴费率,有助于实现低水平、广覆盖,较好地保护了农民工合法的劳动权益,有效化解了参保农民工的安全、健康等风险;该模式采用医疗保险只管当期,工伤保险一次性赔付,养老补贴一次性发放,并采用商业保险运作模式,实际操作简单,适应了农民工就业不稳定、流动性大等特点;该模式可以克服农民工为城镇居民保险金缺口买单的不合理问题,政府只制定政策和履行监管责任,而各级财政不需要承担基金的兜底责任。

当然,"综保模式"也存在一定问题,主要表现在:由于采用商业保险模式运作,不利于与城市社会保障系统有效衔接,制度缺乏衔接性;养老补贴水平偏低,很可能无法保障农民工未来的养老需求;实行该制度不利于构建城乡社会保障一体化体系,见表5-4。

表5-4 上海和成都综合保险与国家城镇职工社会保险制度内容简表

	上海综合保险	成都综合保险	国家城镇职工社会保险制度
保险项目	工伤、住院医疗和老年补贴	工伤、住院医疗和老年补贴	工伤、医疗、养老、失业、生育
保障对象	外来从业人员	非城镇户籍职工	所有城镇职工
参保费率	12.5% 外地施工企业5.5%	20%	工伤:平均1% 医疗:单位6%,个人2% 养老:单位20%,个人8% 失业:单位2%,个人1% 生育:单位,不超过1%
缴费基数	上年度当地职工月社会平均工资的60%	上年度当地职工月社会平均工资的60%-200%,共8档	一般为职工实际工资,下限和上限分别为上年度当地职工月社会平均工资的60%和300%

续表

	上海综合保险	成都综合保险	国家城镇职工社会保险制度
单位缴费	全部由单位缴费	14.5%	约为30%
个人缴费	不缴费	5.5%	11%
缴费期限	按月缴费	按月缴费	按月缴费
享受待遇	有单位的外来从业人员：享受工伤待遇、住院医疗待遇和老年补贴 外地施工企业人员：工伤待遇、住院医疗待遇	工伤待遇、住院医疗待遇和老年补贴	工伤、医疗、养老、失业、生育5项待遇
转移或终止	领取老年补贴凭证，不转移、不退保	不能转移，可退保	可转移社保关系及个人账户，但实际上转移困难
养老补贴享受地区	原籍或其他地区	原籍或其他地区	
管理机构	政府机构主管，委托商业保险公司支付和运作	综合保险中心自身经办养老项目，委托商业保险公司经办工伤医疗项目	社会保险经办机构

资料来源：田晓雯，费伟. 农民工社会保障政策评析 [J]. 中国社会保障，2006（4）：18-20；笔者根据最新法规对有关内容进行了修正。

5.2.4 "农保模式"相关政策与评价

"农保模式"是指将农民工纳入户籍所在地的农村社会保障体系，该制度设计初衷是：针对农民工流动性大、收入水平偏低、部分农民工存在"回流"返乡特征等问题，提出相应的医疗和养老保障的解决方案，而且"农保模式"具有低水平、广覆盖特征，在一定程度上缓解了乡镇企业农民工社会保障需求，有利于稳定农村剩余劳动力就近转移规模、促进乡镇企业发展。由于新型农村社会养老保险制度（简称"新农保"）、新型农村合作医疗制度（简称"新农合"）在最近几年得到了较快发展，在我国中西部地区，一些农民工劳务输出大省积极采取有效措施，将农民工及其家庭成员纳入到本地区的农村社会保障体系，形成了"农保模式"。"农保模式"对农民工省内就业和就近转移产生了一定影响，例如，处于我国中部地区的河南省是农民工劳务输出大省,在 2010 年,河南省农村劳动力省外转移就业人数出现负增长,2011 年省内转移就业人数首次超过省外,达到 1268 万人,比 2010 年增加了 126 万人[①]。经过深入分析,诸多因素对河南农民工省内就业意愿产生了显著影响,主要包括:①随着中原经济区建设步伐加快,各级政府为河南农村劳动力转移提供了良好的制度环境和政策支持,包括"新农保"和"新农合"在内的一系列就业和社会保障政策的实施提升了省内劳动力市场就业的拉力;②中小企业的发展,特别是农村一些小型加工厂、专业合作社发展迅速,为农村劳动力转移开辟了广阔的就业渠道;③沿海地区加快劳动密集型等中低端产业向中西部地区转移的步伐,如富士康、百威、永茂等大批劳动密集型企业已落户河南,为农村劳动力转移提供了增纳扩容空间。因此,"农保模式"对农民工的就业选择和迁移方向产生了一定的影响,反过来,产业结构调整和劳动力市场出现的新变化要求农民工社会保障制度与之实现良性互动。

1. "农保模式"基本制度框架

(1) 新农保制度。

根据党的十七大和十七届三中全会精神,国务院决定,从 2009 年起开展新型农村社会养老保险试点。《国务院关于开展新型农村社会养老保险试点的指导意见》(以下简称《指导意见》)指出要根据"保基本、广覆盖、有弹性、可持续"的基本原则来进行新型农村社会养老保险的试点工作,"一是从农村实际出发,低水平起步,筹资标准和待遇标准要与经济发展及各方面承受能力相适应;二是个人(家庭)、集体、政府合理分担责任,权利与义务相对应;三是政府主导和农民自愿相结合,引导农村居民普遍参保;四是中央确定基本原则和主要政策,地方制定具体办法,对参保居民实行属地管理。"《指导意见》确立了"个人缴费、集体补助和政府补贴相结合,社会统筹与个人账户相结合,与其他社会保障政策措施相配套"的新型农村社会养老保险(以下简称"新农保")的制度框架,并决定"2009 年试点覆盖面为全国 10% 的县(市、区、旗),以后逐步扩大试点,在全国普遍实施,2020 年之前基本实现对农村适龄居民的全覆盖。"

---

① 国家统计局河南调查总队. 2012 年河南农村外出务工人数持续增加 [EB/OL]. http://www.hadc.gov.cn/info/cms/template_InfoShow/hndczd/infoshow.jsp?columnId=280&infoId=10825, 2013-02-28.

"新农保"的主要特点是：①实行"统账结合"的财务模式。明确提出建立"个人账户"，其中个人缴费、集体补助及其他经济组织、社会公益组织、个人对参保人缴费的资助，地方政府对参保人的缴费补贴，全部记入个人账户。而养老金待遇却由基础养老金和个人账户养老金组成。尽管城镇社会养老保险也实行个人账户和社会统筹相结合的模式，"新农保"在财务制度设计方面也沿袭了城镇社会养老保险统账结合的模式，但"新农保"制度框架下基础养老金的资金来源完全由财政负担，而城镇社会养老保险制度框架下统筹账户的资金来源于企业缴费以及国家的补贴等。②在资金筹集方面，新型农村养老保险制度采用个人缴费、集体补助的缴费模式。新型农村养老保险制度规定了100元、200元、300元、400元和500元5个档次的年缴费标准，并允许地方政府根据实际情况增设缴费档次。参保实行自愿原则，参保人自主选择缴费档次，多缴多得；有条件的村集体对参保人缴费予以补助，允许和鼓励其他经济组织、社会公益组织、个人为参保人缴费提供资助。地方政府应对参保人缴费给予补贴，补贴标准不低于每人每年30元，对选择较高档次标准缴费的可适当鼓励，对重度残疾人等缴费困难群体，地方政府要代缴部分或全部最低标准的养老保险费。③新型农村养老保险制度采取了"投保资助型"社会保险的基本理念，即首先强调个人的养老责任，鼓励个人参加社会养老保险，并且养老金待遇标准与个人缴费及缴费年限挂钩；其次"援助自助者"，国家也要承担一定的责任，提供部分养老保险资金、进行各种形式的补贴，尤其是对参保人养老保险缴费的补贴。新型农村养老保险制度明确了中央财政和地方财政的补助责任和补助范围，并且根据地区和经济水平的差异规定不同的补助比例。这样的制度设计是基于我国国民经济发展水平和"分税制"财政体制的必然选择。

（2）新农合制度。

根据2003年国务院办公厅转发的卫生部、财政部和农业部联合发出的《关于建立新型农村合作医疗制度的意见的通知》，以及国务院办公厅转发卫生部等部门《关于进一步做好新型农村合作医疗试点工作指导意见》相关内容可知，新型农村合作医疗的目标定位于为农民提供基本的医疗卫生保障，在农村重建合作医疗制度，缓解广大农民的"因病致贫、因病返贫"的问题，减轻农民因疾病带来的经济负担，提高农民健康水平。新型农村合作医疗制度由中央和地方政府（主要县级政府及以上），而非集体经济或村委会主导。中央政府和地方政府对新型农村合作医疗的主导作用，体现在对制度的组织、引导和资金支持等三个领域。主要表现在：①中央政府对新型农村合作医疗的原则、组织管理、筹资、资金管理、服务管理和组织实施等都作出了明确的规定，省级、县级人民政府还制定了具体的管理办法，从而规范了新型农村合作医疗制度的实施框架。②按照新型农村合作医疗的制度规定，各级政府提供的补助的额度在中西部大部分地区已占到合作医疗基金的2/3，接近了城镇职工基本医疗保险中财政或企业的出资比例。③2006年以后，中央财政拨款的额度增加到每个农民20元/年，省市的综合财政拨款也提高到每个农民20元/年（一般是省级政府15元，市级政府5元，经济发达地区更高），农民个体的缴费额度为10元/年，即各级政府财政拨款占到了新型农村合作医疗筹资金额的80%以上。2008年以来，新型农村合作医疗制度的筹资额度进一步提高，达到每个农民100元/年。根据卫生部、财政部《关于做好2008年新型农村合作医疗工作的通知》的规定，从2008年开始，各级财政对参合农民的补助标准提高到每人每年80元，其中中央财政对中西部地区参合农民按40元给予补助。农民个人缴费由每人每年10元增加到20元，困难地区也可以分两年到位。④中央政府一方面对医疗服务提供方给以财政支持，以调整医疗机构的布局，加强农村医疗卫生服务网络，提供基本医疗设施；另一方面又对新型农村合作医疗需求方进行补助，以保证参保农民真正看得起病，看得到病。同时，通过立法对医疗服务进行规制，涉及与合作医疗相关的药品生产、流通领域，以及各级医疗卫生机构及医生的行为，加强对新农合制度相关领域和行为主体的约束和监管，以降低医疗服务和药品的价格。⑤新型农村合作医疗基金主要补助参保农民的大额医疗费用或住院医疗费用，即以"保大病"为主，帮助农民分摊由于大病带来的高风险损失。在大病统筹的基础上，有条件的地方，可实行大额医疗费用补助与小额医疗费用补助结合的办法，即"保大（病）又保小（病）"，既提高抗风险能力又兼顾农民受益面。⑥新型农村合作医疗制度坚持以收定支，收支平衡的原则，既保证这项制度持续有效运行，又使农民能够享有最基本的医疗服务。对参加新型农村合作医疗的农民，年内没有动用新型农村合作医疗基金的，可以安排进行一次常规性体检，防止新型农村合作医疗基金超支或结余过多。从这个层面上分析，新型农村合作医疗制度甚至具备了农村初级卫生保健的功能。⑦与城镇医疗保险制度不同，国务院决定由卫生行政部门负责新型农村合作医疗的管理工作。卫生部门在负责新型农村合作医疗服务系统设计工作的同时，又组织提供基本的医疗卫生服务。卫生部门既代表农村居民来购买卫生服务，又在一定程度上代表了卫生服务供给方，也是医疗服务质量的监管者。具体而言，首先，卫生部门需要对新型农村合作医疗卫生服务内容进行确定（包括药品目录等方面）、设置支付方式、测算补偿水平、规划报销流程以及对信息管理系统进行设计。其次，医疗服务作为一种高技术垄断的服务，其服务水平和质量的评价、服务能力的评估等只能由行业主管部门—卫生部门来施行和管理。最后，基本医疗服务作为一种具有公共产品性质的服务，产品的提供不仅要实现经济目标，而且还承担众多的社会目标。

2. "农保模式"的实施情况——以河南郑州为例

根据国家统计局郑州调查队2013年农民工市民化状况调查结果①可知，有9.4%的务工人员未参加任何医疗保险，有39%的务工人员未参加任何养老保险，而未参加失业保险的占86.7%。在购买有医疗保险的90.6%的务工人员中，参加城镇职工医疗保险的有17.3%，参加新型农村合作医疗保险的有71.7%，参加商业医疗保险的有1.6%；而在购买养老保险的61%的务工人员中，有13.8%的务工人员购买城镇职工养老保险，有43.9%的务工人员购买新型农村社会养老保险，有3.3%的务工人员购买商业养老保险。从农民工参保分项目统计数据来看，"新农合"和"新农保"参加者所占比例均最高，正如前面所分析，河南省农村剩余劳动力省内转移就业趋势明显，许多农民工已经被纳入输出地农村社会保障体系中，因此，参加城镇职工养老、医疗保险的也仅限于有稳定劳动关系、长期在郑州市就业和生活的农民工。

以"新农保"为例，经过深入分析，发现下列主要因素对农民工较高比例参加农村社会保障体系产生了重要影响，主要包括：①近年来，郑州市人力资源和社会保障相关部门抓紧落实中央、省、市新型农村社会养老

---

① 国家统计局郑州调查队. 郑州市农民工市民化状况调查 [EB/OL]. http://www.hadc.gov.cn/info/cms/template_InfoShow/hndczd/infoshow.jsp?columnId=281&infoId=11565, 2013-07-16.

保险政策,明确了新农保的基本原则、参保范围、资金来源、账户模式、享受条件、待遇标准、基金支付、大龄人员参保、基金管理、统筹级次、工作安排、组织领导14个方面的内容。②新农保基金筹集实行个人缴费、集体补助、政府补贴"三相结"的筹资方式,个人缴费标准设为100元、200元、300元、400元、500元5个档次,参保农民可根据自身经济条件,自行选择任何一档参保,多缴多得。③强化"新农保"宣传发动工作、做到四个讲透。郑州市新型农村社会养老保险制度启动以来,试点县、乡(镇)、村分别召开动员大会,认真宣传、贯彻落实中央、省、市新农保政策,组织动员各级领导、乡村干部、社保机构工作人员深入乡村、农户帮助农民答疑解惑,做到"四个讲透",即政策意义讲透、政策规定讲透、资金管理办法讲透、各级财政补贴标准讲透。④组织推动、落实责任。一是县、乡(镇)、村层层成立了新农保工作领导小组,明确"一把手"为第一责任人,建立县、乡(镇)、村三级管理服务体系。二是根据国务院《指导意见》和省政府《实施意见》的要求,制定了《实施方案》,明确新农保领导小组各成员单位和办公室的工作职责,特别是民政、残联、公安等业务机构,对低保户家庭、重度残疾人、60岁以上老人等特殊群体要严格把握新农保标准、规范流程,在市农保处、各镇劳动保障所进行业务指导下,各村新农保协理员负责本村居民参保登记、保费收缴、人员核定和发放工作,从而形成"一级抓一级,一级对一级负责"和"镇镇有任务,村村有目标"的良好发展态势。⑤政府补贴、补贴资金安排到位。按照国家新农保试点工作各级政府补助和补贴资金的负担比例,基础养老金国家、省、市三级负担部分已到位。从而确保了新农保工作顺利开展。⑥突出重点,强化基金征缴和基金监管。基金征缴和监管是新农保工作的重要环节、抓好60岁以上老人家庭子女(重点是外出就业农民工)参保缴费工作、落实财政补贴政策、重点解决低收入家庭、孤独老人等困难家庭和特殊群体无力参保问题、切实增强他们的参保能力意义重大,尤为重要。为此,资金征缴上做到了乡村、党员干部带头,县、乡(镇)、村三级联动。极大地激发了广大农民群众参保缴费的积极性;基金监管上,郑州市养老保险中心财务处与试点县财政局、试点县信用联社研究并建立了基金收入、支出财政专户,确保基金专户储存、专账管理、专款专用。同时以社会化发放的方式,严格按《实施办法》落实养老待遇,确保60周岁以上农村老人养老金及时足额兑现。

3. "农保模式"的评价

该模式没有将工业化过程中急需的工伤、失业等保障项目纳入到制度体系，无法为农民工提供安全和失业救济等保障，因此，没有满足农民工对社会保障的总体需求，制度供给和需求仍存在偏差；保障水平低、各地缴费标准不统一、资金管理不规范和城市社会保障系统转移接续难等问题也制约了该模式功能的发挥。

农民工社会保障模式绩效评价简表见表5-5。

表5-5　　　　　　农民工社会保障模式绩效评价简表

绩效评价观测点	城保模式	双低模式	综保模式	农保模式
主要适用群体	长期居住在城市正规就业农民工	主要适用于流动性强就业不稳定的农民工	主要适用于流动性强就业不稳定的农民工	乡镇企业或"回流"农民工
制度设计原则	一体化原则	低门槛、低标准	优先解决工伤与医疗	低水平、广覆盖
保障项目	与城镇职工一致	与城镇职工基本一致	工伤、医疗和老年补贴	医疗和养老
农民工承受力	承受力差	依据各地区参保费率水平而定	农民工完全不需要缴费	具有可承受能力
覆盖率	较低	依各地区缴费率而定	各地区存在差异	一般
制度衔接性	完全纳入城保	与城保容易衔接	衔接性差、相对独立	相对独立
异地转移	可转移社会保险关系、个人账户	可转移至原籍，也可以选择退保	领取老年补贴凭证、不转移、不退保	—
制度创新性	以现有体制为基础直接扩面，不具有创新性	与原城镇职工社会保险制度具有路径依赖，具有一定创新性	将农民工就业特点和商业保险模式有机结合，创新性强	受户籍制度和土地制度、家庭养老制度影响较大

农民工社会保障制度存在的主要问题

6.1 保障覆盖面窄

近年来，各级政府为加快建立覆盖城乡的社会保障制度，陆续出台了一系列措施办法，为广大农民工享有社会保障提供了政策依据。但许多企业尤其是私营企业在农民工的参保上，大多以新农保、新农合为主，不愿参加城镇职工的养老、医疗、工伤保险，以致农民工在城镇务工中一旦发生工伤事故和生病治疗等，享受不到相应的待遇。2011年，各地区人力资源和社会保障部门的集中调研数据显示，农民工社会保障覆盖面仍然狭窄，社会保障覆盖率很低。例如，贵州省人力资源和社会保障厅在《贵州省进城务工人员劳动保障权益现状研究报告》[①]中指出：据统计，目前贵州省农村进城务工人员达704.6万人，其中转移省外就业536.2万人，省内转移就业168.4万人。从调查来看，贵州省进城务工人员男性占56.6%，女性占43.4%；其中86%的务工人员来自省内，14%的务工人员来自外省。从主要的社会保险项目参保情况来看，用人单位为进城务工人员同时缴纳五项社会保险的约占职工人数为23.3%。其中，基本养老保险的覆盖率仅为52.6%，医疗保险的覆盖率55.5%，另有46.8%的进城务

---

① 尹蔚民. 谋事之基 成事之道——人力资源和社会保障系统调研报告集（2012）[M]. 北京：中国人事出版社、中国劳动社会保障出版社，2013.07：525-529.

工人员办理工伤保险。此外，失业保险和生育保险的覆盖率分别为33.1%和21.4%，覆盖率比较低。特别是对于非公有制企业、建筑施工企业和零售餐饮等企业，社会保险覆盖率严重偏低，扩面征缴工作困难。

当前，农民工队伍正发生巨大的变化，出生于20世纪80年代以后的新生代农民工日渐成为农民工队伍的主要力量。与老一代农民工相比，新生代农民工的生长环境、受教育程度、经济利益的诉求、合法权益的维护、民主政治权利的行使、对社会保障的渴望均有很大不同，对融入城市生活，成为市民有着更强烈的意愿。一些省区人力资源和社会保障部门对新生代农民工的就业和社会保障权益现状进行了专项调研，例如，广西壮族自治区人力资源和社会保障厅在《广西城镇化进程中新生代农民工问题调研报告》[1]中指出：2011年，广西壮族自治区跨县以上转移就业的农民工有651万人，其中，新生代农民工有338万人；新生代农民工的比例已超过一半，达到51.9%。从参加社会保险情况来看，在收回的1499份"农民工调查问卷"中，关于"用人单位帮你购买了下列哪种社会保险（可多选）"，有626人选择养老保险，占41.8%；有537人选择医疗保险，占35.8%；有724人选择工伤保险，占48.3%，参保率均达不到50%。据有关部门统计，广西农民工参加养老保险和工伤保险的人数分别为17.05万人和72.56万人，参保率很低。总体看，新生代农民工社会保险参保率低，社会保险覆盖面狭窄，抵御风险的能力较脆弱。城市为农民工提供的社会保障公共服务还有很大的缺口，社会保障问题是新生代农民工最关心的问题，对新生代农民工来说，能否与城镇居民同等接受社会保障公共服务是顺利融入城市的重要影响因素。

6.2 保障水平低

以农民工养老保障待遇为例来分析。我国的养老保障水平已经远远低于世界上绝大多数国家。有关资料显示，国际劳工组织《社会保障最低标

---

[1] 尹蔚民. 谋事之基 成事之道——人力资源和社会保障系统调研报告集（2012）[M]. 北京：中国人事出版社、中国劳动社会保障出版社，2013.07：492－496.

准公约》目前规定，养老金的最低替代率为55%。78%的国家已超过60%，低于40%的只有海地（33%）一个国家，替代率在40%的也仅有6个国家。这说明我国养老金替代率不仅已经远低于《社会保障最低标准公约》规定的55%的最低替代率。如前所述，上海农民工中有35.9%的人加入了"新农保"，由于上海属于东部沿海地区，经济相对发达，按现行上海市"新农保"相关政策规定，"新农保"基础养老金待遇划分为两大类三个档次的标准，缴费满15年人员为300元/月，缴费不满15年人员为135~155元/月。各区县可以根据上海市确定的基础养老金标准，结合本地区实际情况，对基础养老金待遇进行上浮。目前，上海市各区县确定的基础养老金标准集中在320元、330元、370元三个档次。2010年末，外出农民工人均月收入水平为1690元，如果以上海地区"新农保"基础养老金待遇最高标准370元/月进行估算，"新农保"的基础养老金替代率仅为21.89%，远低于城镇职工基本养老保险的目标替代率59.2%。为了便于说明问题，可以对全国各地区城镇企业职工基本养老保险替代率的实际情况做进一步分析。2010年基本养老保险人均养老金占城镇单位在岗职工平均工资比率（简称替代率），全国平均水平是49.79%，最低的是重庆的44.24%、江苏的45.70%、吉林45.75%，最高的是山东的70.74%、新疆65.22%和青海的64.06%。可见，相对于城镇职工而言，加入"新农保"的农民工基础养老金替代率不仅远低于全国平均水平，而且不及最低水平的一半。相对于国内其他地区"新农保"政策，上海"新农保"政策所规定的基础养老金待遇标准是非常高的，因此，上述养老金替代率测算是可以说明农民工养老保障待遇显著低于城镇职工这一问题。从现阶段来看，其他地区"新农保"政策所规定的基础养老金普遍较低，很多省份"新农保"基础养老金每月标准仅为55~70元/人。由此可见，按照这些地区"新农保"政策所规定的基础养老金计算所得到的替代率会更低。农民工养老金待遇处于较低水平，保障水平有限，尚不能满足农民工退出劳动力市场后基本生活需要。此外，上海的综保模式给农民工的养老待遇也十分有限。以上海市2010年外来人口综合保险缴费基数2140元/月计算，农民工在上海累计工作15年，其一次性领取的养老保险补贴总额仅为26964元，难以满足农民工的基本养老要求。

再以失业保险为例，相对于城镇职工而言，农民工失业保障水平也是比较低的,农民工与城镇职工失业保障待遇之间仍存在显著的差异性。按照《失业保险条例》的规定,农民合同工按累计缴费时间每满1年只能发1个月的生活补助金,且补助的标准由省、自治区、直辖市人民政府规定。而城镇职工却按累计缴费时间领取,累计缴费时间满1年不足5年的,领取失业保险金的期限最长为12个月;累计缴费时间满5年不足10年的,领取失业保险金的期限最长为18个月;累计缴费时间10年以上的,领取失业保险金的期限最长为24个月①。

6.3 保障体系中的各制度之间衔接性差

碎片化的养老保险制度不利于农民工参与养老保障,带来了养老保障体系内各制度之间衔接性较差等问题。针对不同身份的群体设立不同的养老保险模式,这是我国养老保险制度碎片化特征的集中体现。20世纪90年代,我国建立了城镇企业职工基本养老保险制度,2009年开展新型农村社会养老保险制度试点,2011年又启动城镇居民社会养老保险试点,而国家机关事业单位养老保险制度自成一体。此外,如前所述,针对农民工的特点,一些地区相继建立了农民工养老保险制度。至此,我国养老保险制度就呈现出了"碎片化"格局。"碎片化"的养老保险是基于身份属性的保障制度,而不同层次的养老保险制度在保障对象、缴费标准、受益水平、资金来源构成等方面都存在着很大差异。"碎片化"养老保险制度会严重阻碍不同身份人群之间养老保险关系的转移接续,会对劳动力市场制度性分割格局产生固化效应,不利于劳动力合理流动和二元经济转换。

2011年7月1日正式实施的《中华人民共和国社会保险法》从法律层面进一步明确了跨地区就业的劳动者的基本养老保险关系转接的原则与办法。该法律的实施标志着:农民工跨统筹区变换工作岗位时,养老保险关系转移接续的制度障碍已经破除。今后一段时期内,随着新农保试点的推进,城保与新农保之间的转移衔接问题,已经成为影响我国养老保障制度

---

① 李迎生,袁小平. 新型城镇化进程中社会保障制度的因应——以农民工为例 [J]. 社会科学, 2013 (11): 76-85.

改革和发展的主要瓶颈。由于新生代农民工比较频繁地在城镇和农村流动，为保障其养老保险权益，迫切需要解决这一问题。城乡养老制度分割带来的制度衔接问题成为农民工社会保障扩面工作的关键环节。

医疗保障体系中的各制度之间衔接性也较差。现阶段农民工参加城镇职工医疗保险的比例较低另一个原因是：大多数农民工在流出地（户籍所在地）参加了新型农村合作医疗，由于制度设计、参保对象等方面的差异，城镇医疗职保、新农合和城镇居民医保三大制度之间存在衔接困难、转移接续不畅等问题，这在一定程度上制约了农民工在流入地享受所在地区基本公共医疗服务。以筹资模式为例，新农合采用"财政＋个人"的筹资模式，财政负担相对较大，筹资水平偏低，相应地保障水平偏低；城镇职工基本医疗保险采用"企业＋个人"的筹资模式，财政不参与筹资，企业负担大部分，相比之下，保障水平高于其他两种医保制度。在流出地参加"新农合"而在流入地就业，农民工必然面对诸如异地就医、异地转诊、异地结算等问题，产生了诸多不便。例如，目前很多地区省内异地就医信息系统尚未建立，无法实现就医地和参保地的数据共享，结算办法地区间差异很大，医保管理实效大打折扣。从政策层面上看，我国医疗保险统筹层次过低，很多地区还没有实现市级统筹，各地区医疗待遇、基本药品等目录、基金管理等不统一，这些都是制约扩大农民工医疗保障覆盖面的主要障碍和深层次原因。

6.4　主要保障项目缺失

主要保障项目缺失集中体现在：现阶段，农民工社会保障公共服务供给单一化，无法适应农民工保障需求多样性的现实状况，供给与需求存在严重偏差，农民工社会保障制度适应性差。从现有颁布的、与农民工社会保障相关的各项法规、政策来看，农民工社会保障制度建设偏重于社会保险，忽视了社会救助和社会福利。农民工子女教育保障、住房保障和社会救助这三个比较急需的保障项目存在制度供给的缺失，因此，农民工社会保障制度供给结构具有单一化、非均衡特征。而且，社会保险项目是基于具有稳定劳动关系就业特点的雇员而设计的,属于缴费类社会保障项目,比较适合农民工群体中在正规部门稳定就业的一部分人。社会救助、农民工子女教育和住房保障制度等具有政府转移支付性质,是具有单方向、非缴费性质的救济或福利类保障项目。农民工社会救助和子女教育、住房福利等项目是不需要受资助对象的承担缴费义务,很适合向灵活就业或在非正规部门就业农民工及其家庭成员提供保障。由此可见,农民工社会保障制度在缴费性社会保障项目和非缴费性社会保障项目之间的供给非均衡特征直接导致多数处于灵活就业或非正规就业状态的农民工无法获得社会保障。

目前,很多城市已经建立起以经济适用房、廉租住房为主要内容的住房保障体系。但目前大部分城市的住房保障体系尚未将多数农民工纳入住房保障体系的范围中,以区域中心城市——沈阳市为例,沈阳市政府所提供的住房保障范围限于户籍人口中的中低收入家庭。例如:2008年4月和5月,沈阳市公布了《沈阳市经济适用住房预购登记办法》和《沈阳廉租住房租赁补贴实施细则》,这两个文件中分别规定了购买经济房的家庭必须具有沈阳市常住户口且满3年以上(含3年)的城镇非农业户口,享受廉租房租赁补贴的家庭其家庭成员必须具有沈阳市常住户口并在沈阳市工作和居住①。虽然农民工绝大多数属于低收入或者最低收入群体,但是由于户籍制度的原因,农民工被排斥在住房保障体系外。而面对沈阳高不可攀的房价,农民工只能望房兴叹。2011年有所突破,但也限于极少数特殊条件的农民工,新闻价值大于实际意义。

当前农民工子女教育保障存在的主要问题是:适龄儿童不能适时进入学校读书、超龄入学现象相对严重,进入城市公办学校就学难,上学费用高、入学难等问题没有得到根本解决。教育部基础教育一司课题组2010年调研信息显示②,新生代农民工随迁子女在城里上学普遍存在困难。反映"上学费用高"的占62.8%、"入学难"的占57.0%、反映"不能在城里参加中、高考"43.0%居前三位,如图6-1所示。在目前城市发展条件下农民工随迁子女入学是有"门槛"的,一是"经济门槛";二是"非经

---

① 李帅. 我国进城农民工住房及其保障问题研究 [D]. 硕士学位论文,东北大学,2009.
② 国务院农民工办课题组. 中国农民工发展研究 [M]. 北京:中国劳动社会保障出版社,2013:146-159.

济门槛"。如果将上学费用视为"经济门槛",新生代农民工随迁子女在城市上学或参加中、高考所需的手续和证明则是一种"非经济门槛"。

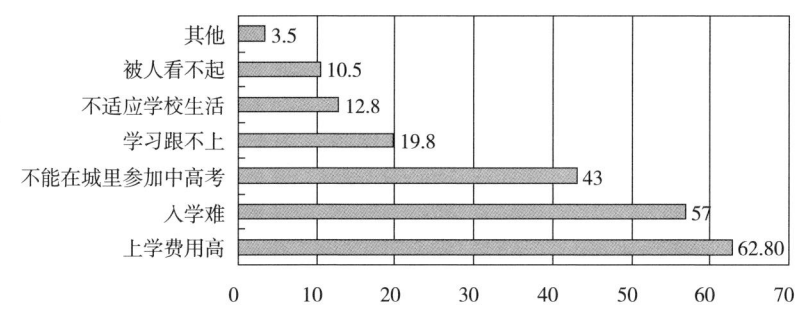

图 6-1 新生代农民工随迁子女在城市上学面临的困难

大部分农民工随迁子女选择"农民工子弟学校"接受教育,而农民工子弟学校一般属于民办性质,教育质量不高。调研数据显示:由于收入低、入学限定条件少,民办农民工子女学校受到了低收入阶层农民工的欢迎,在缓解城市教育供求矛盾,满足农民工子女入学需求等方面发挥了重要作用。统计显示,2009 年上海农民工子女在合法的民办农民工子女学校入读的比率为 25%;2008 年贵阳农民子女约 13 万人,其中 9 万余人在民办中小学就读,民办学校承担了约 70% 的农民工子女的教育任务。2009 年东莞市农民工子女规模约 40 万人,其中 3/4 外来人口子女在民办学校就读,民办农民工子女学校成为外来人口子女就学的主渠道[①]。教育质量不高则体现在:大部分农民工子女学校校舍、师资、设备未能达标,学校安全隐患大、财务运行不规范和教育质量不高。据调查,北京农民工子女学校 95% 的教师没有配备电脑,只有 4% 教师运用过多媒体进行教学。28% 的学校没有图书馆,70% 的学校没有实验室,73% 的学校音乐器材满足率不到 40%,64% 的学校体育器材满足率不到 40%。52% 的教师学历是高中或以下,30% 的教师没有教师资格证书[②]。

社会救助是最低层次的社会保障,也是农民工自身的一项基本权利。

---

① 雷万鹏. 新生代农民工子女教育调查与思考 [J]. 华中师范大学学报(人文社会科学版),2013(5):139-146.

② 雷万鹏. 新生代农民工子女教育调查与思考 [J]. 华中师范大学学报(人文社会科学版),2013(5):139-146.

在现代社会中，尤其是在经济、社会转型的变革时期，造成贫困、权益缺失的原因中社会因素大于个人因素，而且农民工是城市中的弱势群体，国家和社会理应向农民工尽社会义务，实施社会救助是政府的职能之一。尽管1999年起实施的《城市居民最低生活保障条例》就城市居民最低生活保障的范围，保障的标准，资金来源，配套政策，管理体制等作出了规定，但只有拥有城镇户籍的居民，才有资格在生活困难时向政府申请援助并获得救助。农民工由于没有城镇户籍，而无法享受最低生活保障及相关的社会救助。直到现在，城市和农村最低生活保障仍都是按属地管理原则审批低保对象，农民工难以在经济困难时获得流入地政府救助政策的支持，尚没有纳入到城市的低保范围。因此，需要进行制度创新，对户籍制度和依附于户籍制度上的福利体制进行改革，适应农民工自身特点对社会救助、养老、工伤等社会保障项目进行设计，将农民工纳入到城乡统一的社会保障体系中来，维护农民工的基本权益。

6.5 一些保障制度安排不符合农民工就业特点

非正规就业农民工涉及的行业和职业类别广泛多样，包括钟点工、保姆、水电维修、家电修理、保安、保洁、绿化、医疗陪护等社区服务业从业人员，还包括机关企事业单位使用的临时性、突击性劳务人员，还有个体户等自由职业者。由于这些人员构成复杂，且无固定联系方式，流动性很强，要摸清他们的参保信息等基本情况十分困难。这些都对社会保障运行机制的优化提出了新要求，迫切需要加快社会保障信息化建设、完善社会保障关系转移接续机制，适应农民工就业流动性和非正规性的趋势。主要问题集中在：社会保障关系转接程序复杂，成本高，增加经办机构工作量；信息系统建设滞后，导致部分地区不能按要求时限完成关系转接。人力资源和社会保障部2012年专项调研资料显示，养老保险转移接续政策出台之初，业务量全面大幅增长，在办公条件、人员配备和信息系统不变的情况下，新的转移程序增加了经办机构的工作量。一些地区人力资源和社会保障管理部门反映，转移接续的业务量确实很大，还需要与其他地区进行电话协调沟通,时间成本和财力成本均较高。以南京市为例①,南京市征缴中心转移接续科负责全市养老保险关系的转接,有6个工作人员,据介绍,每办理1人次接续账户手续需要30-40分钟的时间,由于人手少,任务难以完成。因此,南京市采取业务下沉的方式,将任务分解下放到区县一级经办机构,参保人到就近经办机构办理手续,市里只负责基金划转和信息表邮寄;委托邮寄信息表则集中办理、统一寄出,并通过短信服务告知转移人员;基金则需要一笔笔划拨,市里的工作量仍然很大。安徽省养老保险经办机构也反映,养老保险关系转移程序较多,需要网络传输信息表、打印并邮寄信息表、通过银行一笔笔汇款,还有电话沟通协调,在经办条件不变的情况下,增加了经办机构的工作量,提高了经办成本。据该省测算,跨省转接养老保险关系,一般一个参保人就需要60多元的成本费用,一个县如果1年有1000人转移,则其工作经费就有可能全部花完,县区一级社保经办机构难以承受。此外,统筹地区之间的协调难度大,也是转移接续办理中的突出问题。在转接信息传递过程中,地区之间存在沟通少、理解不一致、协调意识不强等问题,常常造成邮寄丢失、接收扯皮和推诿,争议无法有效解决,导致业务难以在规定时间内办结。

收入不稳定且总体水平较低造成社会保险关系难建立,社会保险缴费周期也不适应非正规就业农民工工资支付方式。非正规就业农民工基本报酬形式一般采取计时工资(如按天、按小时等),少数情况下采取计件工作(如零星劳务承包、产品推销等),一般不遵循正规就业单位的薪酬确定机制。通常,正规部门社会保险缴费按月进行。许多农民工是在完成某项工作后,集中获得一笔劳务报酬,而且,劳务报酬的取得时间具有很大的不确定性,因此,按月缴费方式往往使农民工不能够按时、正常缴费,导致参保不连续、参保率低等问题。

再如,城镇职工基本医疗保险制度不能够适应劳动力市场灵活就业现状。根据《国务院关于建立城镇职工基本医疗保险制度的决定》,城镇医疗职保覆盖范围涉及城镇所有用人单位及其职工,但对于乡镇企业及其职工、城镇个体经济组织业主及其从业人员是否愿意参加城镇医疗职保,由各省级行政区人民政府决定。现阶段劳动力市场具有用工形式多元化趋

---

① 国务院农民工办课题组. 中国农民工发展研究 [M]. 北京:中国劳动社会保障出版社,2013:267-283.

势，灵活性日渐增强，在这种背景下，农民工中的大多数人属于非正规就业且就业领域为中小企业，较高的员工流动性和人力成本节约特性使得部分中小企业不给所辖员工按时足额缴纳医疗保险费，产生了制度真空。

6.6　一些保障制度安排激励效应差

在对农民工的激励方面，现行养老保障制度的激励功能尚未得到有效发挥，从而难以在真正意义上解除农民工的后顾之忧，农民工对未来缺乏稳定的安全预期，从而不利于调动农民工参保积极性。以城镇职工基本养老保险为例，城保单位费率为20%，全部计入统筹基金。个人缴纳8%，计入个人账户。统筹账户资金实行现收现付制度，用于养老金代际分配，属于待遇确定型缴费模式，该账户体现社会保障收入再分配功能，注重公平；个人账户资金实行累积制，该账户资金属于强制储蓄性质，体现多缴多得，注重市场效率。如果农民工直接按照现行城镇职工养老保险制度进行参保，用人单位缴费部分计入统筹账户比例过高，个人账户激励功能发挥必然受到限制，农民工养老金收益与在岗工作期间个人努力的关联性较差，因此，需要适当提高养老金缴费记入农民工个人账户的份额，发挥个人账户参保激励功能。

第 7 章

农民工社会保障制度主要问题的制度关联性成因分析

7.1 城乡二元福利体制的历时关联分析

7.1.1 从初始制度安排角度分析

新中国成立之前,我国经历了漫长的封建社会与半殖民地、半封建社会两个历史阶段,自然经济在广大农村地区分布,而城市工业部门的物质基础十分薄弱,城乡二元经济社会结构问题已经凸显。在这样特殊背景下,中国农村社会保障制度基本处于空白状态,农村居民主要依赖土地保障和家庭保障两种保障形式以应对乡村社会发展过程中的养老、医疗等风险。

新中国成立之初,我国面临的主要发展障碍和困难有两大方面:第一,经济发展的物质基础薄弱,发展起点低。在中华人民共和国成立之初的1949年,全国工农业总产值只有466亿元,工业基础十分薄弱,现代工业占社会总产值的比重不足10%,农业和手工业占90%以上,90%的人口生活在农村，80%以上的劳动力从事农业生产[①]。第二，复杂的国际环境。第二次世界大战后，"冷战"思维对世界经济与政治格局产生了深远的影响，经济上封锁、政治上孤立，使新中国发展所面临的国际压力不断加大。在这种国际环境与历史条件下，选择一个什么样的经济发展战略可以使中国在尽可能短的时间内摆脱贫穷和落后的局面，这一历史性课题是无法回避的。由于苏联是世界上第一个社会主义国家，该国正是依靠重工业优先发展战略实现了经济上的赶超，在政治上逐步走向强大，因此，在苏联经济发展战略的影响下，中央政府明确提出实现社会主义工业化的宏伟目标，选择了以重工业优先发展为特征的赶超型发展战略。赶超型发展战略的核心是试图通过重工业的优先发展，超高速实现国家工业化。由于国际环境的压力，"超高速"发展必然要求新中国政府只能依靠自身积累资金为经济起飞和增长提供物质基础。一般来说，西方国家工业化主要通过两个途径获取发展所需资本：一个途径是通过海外殖民扩张、掠夺形成了原始积累资金；另一个途径是依靠农业积累发展所需资金。鉴于建国初期工业基础薄弱的实际情况，除了工业自身积累一小部分资金外，从农业部门获取大量资金支持重工业优先发展必然成为一种现实选择。为此，新中国政府建立了计划经济体制来统一调配经济资源，动员农业部门为工业部门提供原始发展的资金积累。这种资源调配与动员机制主要是通过农产品国家定价，利用工农业产品价格剪刀差，以维持城市大工业发展所要求的低工资水平和低原料成本，进而使工业部门产生超额利润，最后又通过利税上缴，集中了大量的工业化发展资金。在这种情况下，为农村居民和城市居民同时建立保障水平相同、保障项目齐全和城乡同质的现代社会保障制度就不具有可能性了。

新中国成立之后，就业和社会保障制度设计几乎完全是以城镇居民为对象，满足重工业优先发展经济战略的需要，服务于城市发展和现代工业体系的建设，因此，正式的社会保障制度在农村几乎没有实施的土壤，我国农村地区居民事实上仍然以土地作为基本保障手段，以家庭为基本保障单位，非正式保障方式在农村地区承担着保障功能，而在本质上，土地保障和家庭保障并非完全意义上的社会保障，而是适应自然经济发展的个体

[①] 林毅夫，蔡昉和李周. 中国的奇迹：发展战略与经济改革［M］. 上海三联书店、上海人民出版社，1994：20-21.

保障。因此，新中国成立后相当长一段时期内，城市偏向的社会保障制度与农村传统保障制度共同构成了中国社会保障基本格局，具有城乡二元分割基本特征。城市偏向的社会保障制度使城镇居民在养老、医疗、工伤、社会救济、住房和教育等福利方面享受较高程度的保障待遇，而农村保障水平偏低，我国农民长期被排斥在社会保障体系之外。二元社会保障制度对我国社会保障制度变迁产生了强大的惯性，路径依赖由此产生。

7.1.2 从利益集团驱动的角度分析

城乡二元社会保障体制在既得利益集团的推动下会产生自我强化机制，而相关利益集团则是保持社会保障体制变迁持续下去的推动力，因为相关利益集团与现存二元社会保障体制是共存共荣的，而在各种利益的博弈中处于主导地位，只有巩固和强化现有二元社会保障体制才能保证既得利益集团持续获得利益，从而促进社会保障制度变迁保持原有的惯性、按照原有的方向持续发展下去。由于这些既得利益集团并不在乎现有社会保障制度安排是否能够实现资源配置的帕累托最优，他们更关心的是：制度变迁能否提高他们在新增收益中所占份额，即通过新的社会保障制度安排实现既得利益集团社会福利的增加，但是，如果社会保障制度变迁意味着既得利益集团的原有利益减少或社会保障优势的失去，他们就会阻碍新制度的形成，维护旧的社会保障制度安排。

农民工社会保障制度的相关利益集团包括了中央政府、地方政府、城镇居民和农民工及其家庭成员。

中央政府作为社会保障等公共服务的制度供给者和管理者，更加关注的是全体社会成员的生存和发展质量，但是，由于管辖范围大、财力有限，因而，只能是量力而行地去解决农民工社会保障问题。农民工社会保障制度设计与实施更多地依赖于条例政策，高层次立法保障不足，缺乏全国范围内针对农民工社会保障问题的整体解决方案等都是二元社会保障分割体制路径依赖的直接体现，也是中央政府在农民工社会保障制度转型过程中协调城乡利益集团、各地区比较利益后现实选择的结果。由此可见，农民工社会保障制度的改革和发展必然会涉及一些利益集团的既得利益，如果没有全国性、权威性和强制性的法制约束，制度改革和发展容易受到阻挠、变通甚至停滞不前，因此，立法先行、制度保障是有效解决农民工社会保障与永久性乡城迁移问题的重要前提。

地方政府是在中央政府领导下、因地制宜地管理本行政区域内的经济社会发展相关事务，在实践中，地方政府会更多地考虑本地区居民的生活质量和发展空间，更在乎本地区居民公共服务方面的利益诉求和社会保障权益实现状况，因此，一般来说，相对于外来人口和务工人员，本地区居民往往能够享受到比较好的社会保障等公共服务。进一步来看，尽管外来务工人员对流入地区经济社会发展做出了积极贡献，地方政府也会在制度设计时考虑外来人口和务工人员的生活质量和发展空间，但是，由于地方政府"经济人"本性，加之区域经济发展的非均衡性和地方政府财力的制约，外来人口和务工人员的社会保障等公共服务供给水平和质量仍然是比较低的，基本公共服务供给格局具有非均等化的显著特征。目前，我国很多地方政府过分重视GDP指标，将该指标作为政绩考核和职务晋升的主要依据，因而，诱使地方政府忽视了外来人口和务工人员在就业、养老、医疗、子女教育、住房保障等方面的公益性指标，也容易造成农民工社会保障制度变迁陷入低成本路径依赖的陷阱。按照制度经济学原理，农民工社会保障制度建设无论是遵循原福利体制发展路径还是进行制度创新都必然带来一定成本。农民工社会保障制度创新往往需要投入较高的成本，也会面临创新风险。如果沿袭原有的二元福利体制发展路径进行改革，制度变迁的成本较小、风险较低。农民工社会保障制度变迁过程中相关群体之间的利益冲突和较量、既得利益群体对制度变迁的反对和阻挠也都会增添制度变迁的压力和成本。可见，地方政府的有限理性、政绩偏好及农民工社会保障制度创新可能会带来的成本、风险和压力都会影响地方政府对农民工社会保障制度进行创新的动力。路径依赖的低成本陷阱往往导致农民工社会保障制度沿袭原有路径变迁，实现制度创新和突破也是比较困难的。

城市居民和农民工等外来人口之间的利益博弈也会产生农民工社会保障制度变迁的路径依赖效应。前已述及，城乡二元分割的社会保障体制适应了重工业优先发展经济战略的实施，促进了新中国工业体系的建设，维护了城市地区居民的利益。现阶段，"工业反哺农业、以城带乡共同发展"的理念日益迫切，要实现农民工群体和城市居民社会保障等公共服务均等化、加快农民工市民化进程，必然要求中央政府和地方政府通过财政投入、转移支付等机制来予以实现,而这无疑会损害长期获利的城市居民,特别是城镇职工的既得利益。在城市居民和农民工群体的利益博弈过程中,农民工群体在社会经济地位、利益诉求途径和利益诉求机会等方面处于相对弱势地位,加之地方政府相关利益集团的经济人本性,农民工群体很难在博弈中取得理想效果。农民工社会保障制度供给不足和制度适应性差的问题在短期内也很难得到有效解决,这正是农民工社会保障相关利益集团博弈后所产生的路径依赖效应。

农民工社会保障制度设计要适应农民工流动性大等就业特点,这就意味着:社会保障关系转移接续不应该存在障碍,要有助于劳动力流动和劳动力市场一体化发展。因此,提高社会保障基金的统筹层次成为必然选择。但是,提高社会保障基金的统筹层次又意味着社会经济发展水平高的地区要将本地区的部分发展成果与其他地区之间进行分享,在这种情况下,社会保障基金统筹层次的提升将会带来不同地区之间的利益冲突,会遭遇到部分地方政府和相关利益集团的阻力,因而,从这个角度来看,农民工社会保障制度改革难度大、制度变迁成本高,原有统筹层次比较低的社会保障资金筹资体制便能够得以沿袭,路径依赖效果显现出来。

通过上述分析可知,制度供给者在制度变迁过程中会权衡制度创新的成本和收益,对他们来说,创新路径的成本会明显高于遵循原有制度路径所付出的代价,而制度创新收益又具有很大的不确定性,因此,经过权衡之后,制度供给者大多偏好于稳妥地执行旧有制度,除非改革的力量已经势不可挡,一般情况下,这些制度供给者不会冒险创新。因此,社会保障制度变迁具有路径依赖一般特点,社会保障制度设计不可避免会受到原有制度格局强大惯性力的作用。从另一方面来看,原有制度产生的路径依赖特性和强大惯性力还表现在:原有制度既得利益集团的存在会对制度变迁路径选择产生影响,变迁可能向好的方向发展,也可能向不好的方向发展,甚至在有些情况下,即使某项制度安排会有利于提高经济社会运行的整体效率,然而,由于既得利益集团的存在,制度创新和演进仍然是举步维艰,进展缓慢。目前,我国农民工社会保障制度供给与需求的失衡,从客观上来讲,是我国城乡二元社会保障制度非均衡制度变迁路径依赖和制度惯性不断强化作用的结果。由于地方政府的经济人本性和有限理性,大部分地区将城镇职工社会保障基本制度和政策直接套用在农民工身上,缺乏制度适应性，农民工的制度响应性和参与积极性严重不足也就成为必然。例如，我国现行的城镇职工养老保险和医疗保险制度是保障待遇与就业和个人收入紧密挂钩的缴费型社会保险，该制度模式主要适用于具有稳定劳动关系的从业人员，而相对于农民工经济承受能力而言，费率水平的适应性较差，制度设计也主要是考虑城镇职工承受力。针对农民工参保，我国许多地区是直接将农民工纳入到现行城镇职工社会保障体系，实际政策效果不理想。客观上讲，直接纳入城保解决农民工社会保障问题是一条可以降低建制成本的路径，但制度适应性大打折扣，该做法忽视了农民工就业特点和制度选择偏好。大多数地区选择城保模式的制度变迁路径主要说明两点：一是政府作为制度变迁主体，其在制度设计时不可避免地具有城市偏向特征，路径依赖明显；二是尽可能降低制度变迁成本，提高制度变迁收益。相比之下，大部分农民工（尤其是返乡意愿强烈的农民工）偏好于按照低缴费、低保障待遇原则设计的新农保、新农合等保障制度，而对城保制度积极性不高。

总之，制度向量之间具有相互关联特性，这种关联网络会产生规模报酬递增效应。递增的报酬又会使制度沿着特定轨迹发展下去，从而对经济长期运行的轨迹产生决定性影响。也就是说，路径依赖仍然起着作用。社会演化到今天，文化传统、信仰体系，这一切都是根本性的制约因素，我们仍必须考虑这些制约因素[①]。初始的二元社会保障模式的选择对现存的农民工社会保障政策和措施产生了刺激和惯性，沿着原有二元社会保障制度变迁的路径和既定方向前进，总比另辟蹊径要来得方便一些。正如前文所分析的，路径依赖形成的深层次原因就是利益因素，而低成本陷阱和风险规避的经济偏好使得农民工社会保障制度难以实现创新，反映出规模报酬递增和自我强化机制在农民工社会保障制度变迁中所起的重要作用。

7.2 非正式约束驱动的历时关联分析

制度化的规则通常由社会认可的非正式约束、国家规定的正式约束和

[①] 卢现祥. 西方新制度经济学（修订版）[M]. 北京：中国发展出版社，2003：90-91.

实施机制共同组成。所谓非正式约束，是指人们在长期交往过程中无意识形成的、具有持久的生命力，并构成代代相传的文化的一部分。从历史发展的角度来看，在正式约束得到确立之前，人们之间的交往主要靠非正式约束来维系，即使在现代社会，正式规则也只占整个制度体系的很少一部分，人们生活的大部分空间仍然由一系列非正式规则来加以规范。非正式约束主要包括价值信念、伦理规范、道德观念、风俗习性、意识形态等因素。在非正式约束中，意识形态处于核心地位。

由于非正式约束一般是通过长期历史的累积而逐步形成的，有些因素已经内化于人的思维中，与正式制度相比较，非正式约束在短时间内更难以改变，这些非正式约束所形成的规则潜移默化地对制度演进产生影响，而非正式约束的更替和变迁过程是缓慢的和渐进的。在小生产条件下，劳动力的再生产，对劳动力的保护，以及对丧失劳动能力者的赡养，是以家庭为单位，由家庭亲属给予。由于它建立在生产力水平低下的小生产基础上，保障能力很弱，难以抵御严重的风险。家庭的这种社会定位，造就了家庭成员之间的相互依赖和相互照顾的机制，加重了人们对于家庭的依赖，而大家庭便成为传统社会的一种常见的现象，这种依靠血缘关系又分散的家庭或家族提供的对其家庭成员的生活保障，就是家庭保障。在我国，由于许多农村地区长期处于相对封闭的状态，农村户籍人口受到我国传统家庭保障和孝文化观念的影响，通常认为，家庭是分散农业生产经营风险的主要载体，也是农村养老、医疗等最可靠的保障方式。越是贫苦边远的农村地区，越是远离中心城镇的农村地区，建立大家庭和生育较多子女的观念更甚，以分散养老、疾病等风险，此外，这种传统的以家庭为中心的保障制度既可以弥补农村地区保障社会化程度较低的局限，同时也形成了社会保障制度发展自我否定的对抗力量，对社会保障扩面的进度和保障水平的提高都产生阻力，因此，不利于弥合城乡社会保障的差距，更不利于实现一体化的社会保障制度。

尽管农民工进入城市工作后，生活空间逐步开放，传统的家庭保障观念的影响会随着时间推移而逐渐弱化，但农村家庭保障思想不可能很快消失，因此，农民工对社会保障制度的了解、熟悉和认同需要一个过程，而且与城市居民相比较，在原有计划经济体制下，农村居民的既得利益可以说是非常少的，从就业到医疗、住房、子女教育、养老等，农村居民主要靠家庭自己解决，因此，他们对初始制度安排的依赖程度较低。

"效率优先，兼顾公平"的发展理念也对农民工社会保障制度变迁的路径依赖产生了一定的驱动作用。实现公平分配，是社会保障追求的目标。社会保障的公平性主要体现在社会成员享受社会保障待遇的权利和机会是均等的。包括农民工在内的任何一位社会成员，当其基本生活发生危机时，都能均等地获得社会保障的机会和权利。而社会保障的目标和作用，最终也在于促进社会公平目标的实现。然而，如何能够正确处理公平和效率的关系是实现改革、发展和稳定目标过程中不可回避的重大问题之一，既涉及理论问题，也涉及实践问题；既涉及公民经济权利的实现，也涉及公民政治权利的维护。因此，在我国经济社会发展过程中，政府对于公平和效率二者关系的认知将直接影响着政府决策。在改革开放初期，经济效率问题逐渐得到重视，因此，效率问题被提高到优先考虑的地位。中共十四届三中全会做出的《关于建立社会主义市场经济体制若干问题的决定》首次把"效率优先、兼顾公平"作为社会主义初级阶段经济领域里处理效率和公平关系的基本原则。社会保障制度具有收入再分配功能，在"效率优先、兼顾公平"原则的指导下，政府依然遵循城乡社会保障非均衡发展的制度设计思路，为突出效率，社会保障资源更多地流向了城市地区、经济条件较好的地区，而制度建设更加强调"要与经济社会发展水平相适应"，从而导致城乡社会保障发展水平仍然是存在显著差异。"效率优先、兼顾公平"的制度设计理念为社会保障制度的城乡二元分割、农民工与城镇居民社会保障待遇差别化和社会保障制度建设的分类分层推进等方面提供了理论上的支持，而这些因素都使农民工社会保障制度在地区之间的差异性逐渐显现出来，农民工社会保障制度变迁的路径依赖进一步突出、固化。

7.3 户籍制度的共时关联分析

为了保证重工业优先发展战略的实施，中国政府在新中国成立之初决定实行户籍制度，以及与其配套的城市劳动就业制度、城市偏向的社会保障制度、基本消费品供应的票证制度和排他性的城市福利体制等，有效地阻碍了劳动力在部门间、乡城间和所有制之间的自由流动。随着农村生产经营体制改革，农村大量隐蔽失业劳动力显性化，出现了农民工乡城迁移这一历史现象，尽管农民工乡城迁移带动了农村地区居民工资性收入的增长和经济发展水平的提高，但是，转移到城市就业的农民工在就业岗位、工资收入水平和社会保障等方面，都与拥有城市户籍的本地居民存在较大差异，其深层次原因在于：农民工不具有城市本地户口。1958年的《中华人民共和国户口登记条例》确定了全国实行户籍管理制度的法律基础，该条例以国家法律的形式，对户籍管理的宗旨、主管户口登记的机关、户口簿的作用、户口登记的范围、户口申报与注销、户口迁移及手续、常住人口与暂住登记等方面都作了明确规定，从而形成了阻碍人口迁移和劳动力自由流动的初始制度安排和框架。户籍制度原本只是政府对其居民的基本情况进行登记和相关管理的一项国家行政制度，目的是提供人口统计资料和加强社会治安管理。然而，我国实行的户籍管理制度所实现的功能已经远远超过上述两项基本功能，因为，有了城市本地居民户口意味着能够享受当地政府所提供的一系列福利待遇，如就业、住房、医疗、教育、托幼、养老等一系列排他性社会保障和福利，虽然户籍制度保证了城市劳动力充分就业和享有排他性的福利待遇，但户籍制度固化了城乡二元就业和社会保障制度，造成了资源配置扭曲和低效率。

以户籍制度为基础的二元社会保障制度、就业制度、土地制度和财税体制等具有较强的共时关联特性，这些具有二元特征的管理体制嵌入到户籍制度中，并以户籍制度为基础运行、产生相应的制度效果。也正是由于户籍制度改革进展缓慢，加之制度间产生共时关联效应，使二元社会保障体制低效率性和耐久性增强。尽管随着农民工问题的出现，城乡分割维度由二元变为三元，但归根结底城乡二元结构的整体框架和制度相互嵌入方式都没有发生根本性变化。

现阶段，社会保障制度仍以户籍制度为依托，有些城市还没有采取有效措施将农民工的住房、子女教育、医疗卫生、妇幼保健等需求纳入公共设施发展规划和服务之中；农民工的其他社保制度安排也有别于城镇居民，例如，从城市社会救济制度来看，城市最低生活保障制度与本地户口密切关联，只针对城市本地非农户口的家庭提供生活困难救助，进城务工人员家庭即使生活再困难也不可能享受到最低生活保障待遇。此外，城市经济适用房、保障性住房等福利制度也仅针对本地城市非农户口人员提供，农民工也就无缘享受相关福利待遇。城镇居民基本医疗保险和城镇居民基本养老保险制度本身也是针对城镇居民进行制度设计的，这些制度的适用群体也与户籍制度相关联，农民工及其他城市外来人口又一次被排除在城市社会保障体系之外。受户籍制度限制，大部分农民工缺乏参与社会管理的权利和表达利益诉求的渠道。

7.4 就业制度的共时关联分析

现阶段，我国劳动力市场呈现出城乡分割、部门分割、体制分割和行业分割的并存格局。尽管随着就业和社会保障体制改革不断深入，城乡分割、部门分割、体制分割有所弱化，但城市劳动力市场存在正规部门劳动力市场和非正规部门劳动力市场之分，正规部门就业特征表现在：工作比较稳定，工资收入相对较高，内部晋升制度、福利制度也比较完善。因此，正规部门劳动力市场具有内部劳动力市场特性。而非正规部门通常是中小型企业或资本有机构成较低的劳动密集型企业，非正规部门劳动力市场是通过竞争机制实现劳动力资源的配置，工资和就业由市场力量决定。由于非正规部门就业劳动者流动性大、工作方式灵活，一般来说，形成劳动关系三方协商机制比较困难，加之就业竞争激烈，非正规部门劳动者对企业的工资定价权往往无力抗衡。因此，为了使利润最大化，企业尽可能降低成本，缺乏为雇用人员缴纳社会保障费的积极性，尽管有时为了挽留住人才，通常给一些技术或经营骨干缴纳社会保障费，但很多一线务工人员或缺乏技能人员仍然没有享受应有的社会保障待遇。结合上述分析可知，受农民工人力资本水平和二元就业制度的影响，农民工群体基本上都是在非正规部门就业，从而形成了城市内部的二元劳动力市场。这种就业制度与二元劳动力市场，对农民工社会保障制度的影响主要有：

（1）非正规部门企业利润水平低，寿命期短，不愿也无力承担高水平的社会保障缴费。非正规部门企业往往由于规模小、利润薄和融资渠道狭窄等原因，难以在短时间内发展壮大，也较难抓住市场商机进而提高经营效益。低成本运营对处于高度竞争市场环境下的小微企业生存与发展显得尤为迫切，因此，非正规部门企业不愿也无力承担高水平的社会保障缴费。

（2）非正规部门企业小而分散，对其监督与管理的成本过高，导致许多企业不为农民工缴纳社会保障费。非正规部门就业通常指发展中国家城市地区那些低报酬、无组织、无结构的很小规模的生产或服务单位。按照经济活动的组织形式不同，一般包括三种类型：微型企业、家庭企业和独立的服务者。现阶段，企业组织形式非正规化较普遍，行业分布较广，业务类型具有显著差异性，这给社会保障政策法规的执行与监管带来较大的难度。集中表现在：①社会保障管理分散、政出多门、各自为政，难以形成监管合力，尤其是在企业组织非正规化趋势加强的现实情况下，必然存在监管真空和漏洞；②农民工高度流动性和自雇型就业日益普遍化，缺乏有效的社会保障信息数据和地区间信息资源共享机制也是导致监管成本高的重要原因。③非正规就业部门中的许多小型企业、微型企业生命周期短，经营范围、经营场所经常发生变动，这给社会保障执法和农民工社会保障维权带来了较大麻烦，不利于农民工社会保障权益实现。

（3）非正规部门就业稳定性差，加之公共服务属地化原则，导致农民工社保制度的接续性更加困难。主要表现在：①劳动关系不规范导致社会保险关系不健全，社会保险关系难管理。非正规就业农民工与用人单位的劳动关系一般都比较松散。如正规单位使用的临时工、季节工、小时工多数都没有签订正规的劳动合同，处于随时可能被中止的状态。有些非正规就业农民工存在多重劳动关系，如自雇类灵活就业人员（如个体户、自由职业者），没有劳动关系权利义务相对人，因而不能形成劳动关系。因此，灵活就业对现行劳动关系制度和观念提出了挑战。这一特点为灵活就业农民工社会保险关系管理正常化、规范化带来了很大困难。②工作岗位不固定造成农民工社会保险关系难接续。部分非正规就业农民工是与欠费企业解除劳动关系后自谋职业的，还有一些没有与企业解除劳动关系，处于企业和个人"两不找"的状态。对于原企业欠缴的保险费，有的非正规就业农民工等待企业补缴欠费，持观望态度，影响了社会保险关系的接续。在劳动力供需矛盾十分突出的情况下，部分农民工急于就业，担心不予录用,一般很少提出参保要求。相当一部分非正规就业农民工需要变换工作单位和工作地点,但从目前社会保险关系转移接续政策实施的实际效果来看,社会保险制度还没有很好地解决农民工在流动就业中社会保险关系的转移问题,影响非正规就业农民工参保积极性。

(4) 农民工就业稳定性差,工资水平低,使得农民工本人也不愿为不确定的风险减少即期收入。农民工社会保障从整体上说仍处于缺位状态,其主要原因之一是:务工企业作为劳动关系的主体一方,常常为了降低企业运营成本有意规避社会保障缴费或纳税义务;农民工作为劳动关系主体的另一方,大部分人没有将能力或没有意愿将他们较低工资收入中的一部分用来缴纳他们眼下并不急需的社会保障福利。大部分农民工通常情况下更关注当前的消费需求,例如,家庭成员的食品需求、住房需求、子女教育需求和医疗需求等。从消费心理角度来看,农民工更关注如何满足当前的个人生计问题,以至于非正规就业农民工不太关心或不太积极为争取社会保障权益而努力,也无法抵御可能发生的各种经济社会风险。

7.5 公共服务属地化财政投入体制的共时关联分析

我国现行财税管理体制形成于1994年的分税制改革,改革的一项基本内容是:合理划分中央与地方的财政事权和财权,增加对地方的转移支付,均衡地方间的公共服务水平。根据现行中央政府与地方政府事权的划分,中央财政主要承担国家安全、外交、全国性基础设施和公共设施、中央国家机关运转所需经费,调整国民经济结构、协调地区发展、实施宏观调控所必需的支出以及由中央直接管理的事业发展支出。地方财政主要承担本地区政权机关运转所需支出以及本地区经济、事业发展所需支出。从目前来看,公共服务属地化投入决定了地方政府要承担较重的支出责任。虽然中央政府也通过转移支付方式对带有全国性公共产品性质的社会福利救济、社会保障补助等事项给予支持,但地方政府以自身资源解决农民工等流动人口的公共服务供给仍然具有较大压力。

表7-1　　中央政府与地方政府财政收入与支出所占比重

年份	收入比重（%）		支出比重（%）	
	中央	地方	中央	地方
1994	55.7	44.3	30.3	69.7
1995	52.2	47.8	29.2	70.8
1996	49.4	50.6	27.1	72.9
1997	48.9	51.1	27.4	72.6
1998	49.5	50.5	28.9	71.1
1999	51.1	48.9	31.5	68.5
2000	52.2	47.8	34.7	65.3
2001	52.4	47.6	30.5	69.5
2002	55.0	45.0	30.7	69.3
2003	54.6	45.4	30.1	69.9
2004	54.9	45.1	27.7	72.3
2005	52.3	47.7	25.9	74.1
2006	52.8	47.2	24.7	75.3
2007	54.1	45.9	23.0	77.0
2008	53.3	46.7	21.3	78.7
2009	52.4	47.6	20.0	80.0
2010	51.1	48.9	17.8	82.2
2011	49.4	50.6	15.1	84.9
2012	47.9	52.1	14.9	85.1

数据来源：《中国统计年鉴2013》。

见表7-1，以2009—2010年中央、地方财政收支结构为例，地方政府用不到全国财政收入的一半支付了全国财政支出的近八成，事权与财权不对等问题严重。因此，现有财税体制对地方政府为农民工提供社会保障服务缺乏激励效果，地方政府进行农民工社会保障管理体制创新动力不足，这是农民工社会保障权缺失的重要原因之一。

7.6 社会保障资金统筹体制的共时关联分析

解决农民工社会保障问题需要构建应对地区间利益冲突的协调机制。社会保障资金的统筹层次决定了动员社会保障资金的伸缩能力,统筹层次越高,动员社会保障资金的伸缩能力越强;相反,统筹层次越低,动员社会保障资金的伸缩能力越弱。从制度关联角度讲,社会保障统筹层次较低是劳动力市场区域分割的重要表现,也是造成农民工输出地和输入地政府社会保障利益冲突的制度根源。社会保障资金低统筹层次还会导致区域间保障资金缺乏互助共济功能,而地方政府出于地区利益博弈考虑会制定有利于自身的社会保障政策,人为设定严格的参保条件,目的是限制资金流出本区域,这就使农民工社会保障制度设计无法适应农民工流动就业的特点,制度适应性较差。根据南京财经大学曹信邦教授(2007)的研究成果,在现有社会保障体制下,农民工输出地政府社会保障基金与农民工输入地政府社会保障资金难以调剂使用,输入地政府可以获得跨统筹区域流动农民工的养老基金贡献,而输出地政府养老保险基金会出现隐性损失。从理论上看,输入地政府有动机通过制度设计强制留存农民工养老保险缴费统筹部分的基金。表7-2和表7-3的数据可以验证上述结论。

表7-2 跨省流动农民工对输入地政府养老保险基金贡献情况

省份	占农民工跨省输入比例(%)	农民工输入人数(万人)	月平均工资(元)	社会统筹账户缴费率(%)	输入地社会统筹年贡献(亿元)	人均财政收入及全国排位(元)
广东	46.7	2802	798	20	402.48	1968/5
浙江	9.8	588	798	20	84.46	2179/4
上海	6.9	414	798	20	59.47	7972/1
北京	6.9	414	798	20	59.47	5984/2
江苏	5.3	318	798	20	45.68	1772/6
福建	3.9	234	798	20	33.61	1225/8

续表

省份	占农民工跨省输入比例（%）	农民工输入人数（万人）	月平均工资（元）	社会统筹账户缴费率（%）	输入地社会统筹年贡献（亿元）	人均财政收入及全国排位（元）
天津	2.3	138	798	20	19.82	3182/3
其他省份	18.2	1092	798	20	156.85	—
合计	100	6000	—	—	861.84	—

资料来源：曹信邦．农民工流动条件下地区间社会保障利益冲突研究［A］．编委会．建立覆盖城乡的社会保障体系——第二届中国社会保障论坛文集［C］．北京：中国劳动社会保障出版社，2007：1101-1105．

表7-3　跨省流动农民工输出地政府养老保险基金隐性损失情况

省份	占农民工跨省输出比例（%）	农民工输出人数（万人）	月平均工资（元）	社会统筹账户缴费率（%）	输出地社会统筹年隐性损失（亿元）	人均财政收入及全国排位（元）
安徽	13.6	816	798	20	117.21	546/28
江西	11.1	666	798	20	95.66	587/25
四川	10.7	642	798	20	92.22	584/26
湖南	10.0	600	798	20	86.18	625/22
湖北	10.1	606	798	20	87.05	658/21
河南	7.7	462	798	20	66.36	574/27
广西	6.9	414	798	20	59.47	608/24
重庆	5.7	342	798	20	49.12	918/12
贵州	5.1	306	798	20	43.95	490/29
其他省份	19.1	1146	798	20	164.62	—
合计	100	6000	—	—	861.84	—

资料来源：曹信邦．农民工流动条件下地区间社会保障利益冲突研究①［A］．编委会．建立覆盖城乡的社会保障体系——第二届中国社会保障论坛文集［C］．北京：中国劳动社会保障出版社，2007：1101-1105．

---

① 曹信邦教授相关研究数据主要来源于《国家统计局2006年度全国农民外出务工情况分析》和《中国统计年鉴（2006）》．

第 8 章

对策建议

8.1 深化二元体制改革，促进相关制度安排的协调性

8.1.1 构建科学的农民工社会保障财政投入制度

构建科学的农民工社会保障财政投入机制是避免输入地政府对农民工社会保障财政责任缺位的重要举措。由于农民工多不是本地居民，地方政府大多不愿意承担其社会保障责任。从一些地方政策实践来看，地方政府不仅没有承担对农民工社会保险的补助和兜底责任，相反，甚至还从农民工有限的社会保险缴费中获得收益。有些地区虽未将农民工社会保险打入另册，但在政策中允许退保，实际上不仅没有为农民工社会保险承担财政责任，反倒侵占了农民工养老、医疗等社会保险的社会统筹权益。因此，要建立政府对农民工社会保障事业的正常投入机制和各级政府的分担机制，各级政府应加大对农民工就业促进和社会保障事业的专项资金投入，将其列入公共财政支出的重点领域，保障农民工人力资源开发和社会保障重大项目的实施。加大财政对农民工工作专项资金的投入力度，逐步提高社会保障支出占财政支出的比重。推进公共服务均等化，促进农民工在城

镇稳定就业。将农民工纳入城市公共服务体系，积极推进基本公共服务均等化，逐步使农民工享有与城镇居民同等待遇。采取有效措施，因地制宜，分步推进，把符合落户条件的农业转移人口逐步转为城镇居民。对暂不具备落户条件的农民工，从制度上逐步解决他们在劳动报酬、子女就学、公共卫生、住房租购、社会保障等方面的实际问题，使他们逐渐融入城市生活，实现由农民向市民的嬗变。

8.1.2 消除劳动用工的制度性歧视

社会公平是以社会成员收益分配和生活状况的公平性为标志，是社会保障发展的重要内容。社会公平包括起点公平、过程公平（机会公平）和结果公平。

首先，建立城乡统一、平等竞争的劳动力市场，逐步消除农民工就业歧视，改善农民工就业环境，这是保障农民工的"起点公平"，使其具有公平的生存与发展权利，并能够消除贫困、疾病、灾祸带来的社会不公平的前提和基础。鉴于农民工社会保障制度建设的主体内容是与就业相关联的养老保险、工伤保险、失业保险、住房保障等项目，因此，完善农民工社会保障制度、改变农民工社会保障权益缺失的现状，最为关键和基础性的应对之策在于：要树立就业优先的原则，彻底改变重城镇、轻农村，重市民、轻农民的就业观念和相关政策，把农业内部、农村区域和农民进城就业一并纳入国家就业计划，分类实施。

其次，农民工社会保障项目的实施要有助于农民工及子女人力资本积累和提升，要有助于转移就业能力的增强，要有助于提高农民工自身素质，加快农民工市民化进程。农民工转移就业过程中的权益保障缺失是农村劳动力实现永久性乡城迁移问题的症结所在。因此，为了实现社会保障过程公平、降低农民工市民化成本，要进一步清理和废止对农民工的各项歧视和限制政策，坚决制止向农民工的收费和变相收费。尽快出台保护农民工权益的政策，重点解决农民工最低生活保障制度、廉租房安排、子女在城市公立学校的平等入学权利等问题。此外，保障农民工参与劳动力市场竞争，实现农民工社会保障的"过程公平"还表现在：不断为农民工提供失业救济、教育及就业培训等保障措施，缓解或消除因产业结构调整、经济周期、导致失去工作从而造成生活危机的风险，使社会成员平等地参与社会的竞争。

8.1.3　深化城乡二元户籍制度改革

城乡二元户籍制度与农村土地制度改革滞后为我国农民工实现永久性乡城迁移设置了诸多障碍，把城乡人口进行制度性分割的户籍制度形成于我国的计划经济时期，尽管改革开放 40 年以来的制度变迁，特别是 2002 年以来的二元经济体制的深化改革，城乡分割的户籍制度有所松动，但户籍制度改革在我国二元经济体制变革中仍属于薄弱环节，至今仍处于政策的局部调整与修改阶段，依附于户籍制度上的劳动就业、社会保障、居住权利、子女教育等城乡福利差异还严重存在，因此，上述由于户籍制度的存在而产生的城乡福利差异使农民工的迁移成本上升，降低了迁移的预期收益，在一定程度上对农民工参保产生了负激励，延缓了社会保障制度一元化进程。

改革户籍制度必须首先剥离户口附加利益。要打破城乡身份、户籍限制，消除城乡不同户籍在就业、教育、社保等方面的权利差异，走城乡一体的城镇化道路。一方面，在制定政策时不能再把它和户籍制度捆绑在一起；另一方面，对已经捆绑在一起的制度中，应该想办法把它从户籍制度中分离出来，让户籍制度仅仅承担一个人口管理的职能，而不让它承担更多的公共服务、基础设施等方面的享受。

改革户籍制度就是要逐步开放落户政策，有序接纳农民工成为城市居民。逐步建立统一、开放的人口管理机制，尽快改变进城务工人员身份转换滞后于职业转换的状况。目前，东部地区特别是珠江三角洲、长江三角洲地区的中等以上城市落户"门槛"仍然较高，一些中部地区中等城市也有投资数额、纳税数额等过严的条件限制。因此，要综合考虑农民工的就业能力和所在城市的人口密度、环境承载力、合法稳定职业的从业经历情况、居住年限等因素，合理确定农民工市民化标准，逐步推进户籍制度改革。要积极创造条件，优先将农民工劳模、农民工高技能人才、农民工创业先进代表等进行落户，融入所在城市。

加快建立居住证制度，为暂时不具备落户条件的农民工提供基本公共服务和方便。与摆脱贫穷为根本动因的第一代农民工相比，20 世纪 80 年代出生的第二代农民工到城市务工经商的目的,是为改变生活方式和寻求更好的发展机会,是为了融入城市的主流社会。因此在城镇化的进程中,要充分考虑在城镇长期居住的农村流动人口,特别是新生代农民工的需求,促进农村居民有序进城落户,积极探索户籍、土地、就业、住房、社会保障联动的改革措施。近些年来,尽管户籍制度改革的呼声很高,实际上立刻并彻底废除户籍制度是不可行的,只能用渐进的方式逐步完善这个制度。建议逐步在大中城市建立全国统一的"流动人口居住证"制度,对流入城市的农村居民给定一个居住时间限定,如在城市居住达到规定年限后,流动人口取得"流动人口居住证"视为城镇居民。给予他们与城镇居民相同的基本权利,同时保留流出地农村居民的一部分权利,主要是对土地的权利,为流动人口保障消除身份上的障碍。取得"流动人口居住证"的农村居民不论流动到那个城市工作,都可以参加城镇社会保障,时间累加计算。即便是中断工作期间,也视为城镇居民一样,可以自行缴费,达到一定的退休年龄,即可以拿到养老保障金。

8.1.4 加强农民工社会保障的法制建设

立法滞后是制约农民工社会保障权益实现的重要原因之一。《中华人民共和国社会保险法》已经实施,尽管该法首次以人大立法形式确立了社会保险制度的总体框架,并对城乡居民的养老、医疗、工伤、失业和生育等保险项目作出了详细地规定,但涉及农民工社会保障权益的内容仅仅是原则性的规定,这些内容对各地区农民工社会保障工作的指导作用不强。因此,要在各地区农民工社会保障实践经验的基础之上,科学分析农民工社会保障探索中的新问题、新情况,认真梳理这些经验、问题和具体措施,尽快推进原有法规的修订与完善,例如,《农民工参加基本养老保险办法》等已经实施的法规,还要尽早在国家层面上制定适合农民工特点的住房保障、社会救济、子女教育福利等方面的法律和法规,这样可以通过法制环境优化产生稳定农民工政策预期的效果,有力地推进农民工社会保障深入发展。在推进农民工社会保障法制建设的过程中,要特别注意与国家层面其他法律法规的衔接,以农民工社会保障法制建设为契机,构建比较完善的人力资源和社会保障法律法规体系。要继续全面贯彻实施《中华人民共和国实施劳动法》、《中华人民共和国劳动合同法》、《中华人民共和国就业促进法》、《中华人民共和国劳动争议调解仲裁法》、《中华人民共和国社会保险法》，制定与社会保险法配套的农民工社会保障法律法规，特别是要制定农民工人力资源开发促进等方面的法律；各地区要着手制定或完善农民工职业技能培训和鉴定条例、集体协商和集体合同条例、企业工资条例、失业保险条例（修订）、基本医疗保险条例、社会保险基金监督管理条例等行政法规。建立和完善农民工社会保障行政执法责任制和评议考核制度，强化行政监督和问责制度，规范行政执法行为，不断提高依法行政意识和能力。

8.2 有效解决保障供给单一化与保障需求多样性的矛盾

8.2.1 逐步完善社会保险体系

建立符合农民工社会保障需求特点的制度体系应坚持重点突破、稳步推进原则。根据农民工职业特点、收入状况、流动程度、市民化意愿和就业环境等特征，采取分层、分类的措施实现农民工社会保障权益。当下应继续贯彻执行国务院相关文件精神，优先发展农民工工伤保险和医疗保险，积极落实农民工参加工伤、医疗保险政策，解决农民工最急需的权益保障问题。这就是重点突破，即重点保障项目要突破、重点工作环节要突破、重点行业领域要突破。以农民工工伤保险为例，需要建立重点行业农民工安全生产培训示范工程，将工伤保险和风险防范有机结合，提高农民工安全保障意识，促进企业积极采取安全保障措施，降低和化解潜在安全风险。在农民工就业比例较大、风险较高的矿山、危险化学品、烟花爆竹、涂装等重点行业，通过企业申请的方式，选取一些大型企业、大型工业园区、中小型企业聚集地等开展农民工安全生产培训示范工程。对于小矿山、小化工、手工作坊等小企业较为集中，农民工就业人数较多的地区，引导有关培训机构或企业设立联合培训基地。在增强农民工自我保护意识的同时，要加强工伤保险参保监管、督查，及时向用人单位发出参保通知及限期参保通知，形成农民工工伤保险参保监管的常态化机制。在重点领域加强监管的同时，要制定灵活多样的参保办法，便于农民工参保。例如，第三产业是农民工就业的主要领域，在这个领域中，中小服务企业较多，很多农民工都在中小服务企业工作，针对第三产业中许多企业缴费工资难确定，参保人数难确定的问题，可以采取灵活多样的参保办法，如按营业面积核定参保人数、采取定额费等，以便于这些行业农民工参保。

由于农民工群体具有复杂性和日渐分化的趋势，采取分层、分类的措施实现农民工社会保障权益是理性的选择，也是逐步将农民工纳入一体化社会保障体系的现实要求，因此，农民工社会保障过渡性制度安排的设计要坚持制度需求和供给的有效匹配。以农民工医疗保险为例，根据农民工职业特点、市民化意愿等特征，有的农民工在城镇工作时间较长、工作关系稳定并且市民化意愿较强，对于这样的农民工，由于已经与用人单位签订劳动合同并实现稳定就业，要求随单位参加"统账结合"的城镇职工基本医疗保险。对于流动性较强的农民工，尽管这类农民工可能与用人单位签订劳动合同，但劳动关系不稳定，因此，对这类农民工应实行农民工医疗保险。通过实行低费率、保当期、保大病为主、雇主缴费，将农民工纳入基本医疗保险，如果有条件的话，可以加上保门诊待遇，目的是提高政策的参保激励效果。对于自雇或灵活就业农民工，可以由本人自愿选择参加务工所在地的灵活就业人员医疗保险办法或城镇居民基本医疗保险，也可以自愿选择参加户籍所在地的新型农村合作医疗。

还要对社会保险管理方式进行创新，适应劳动力市场灵活性要求。针对农民工中许多人员收入相对不稳定、流动性强，经济承受能力低，难以按时交纳与城镇职工同额的个人缴费，企业缴费难处理等困难。严格按照《中华人民共和国社会保险法》规定与城镇职工一个模式缴费，存在较大的困难。各级政府应当探索农民工的社会保险缴费模式，创新管理方式，例如，针对建筑业社会保险的缴费问题，可以要求城乡建设部门给予配合，施工单位在招投标中，需要把农民工的社会保险费纳入招投标预算，减轻施工单位资金压力。

8.2.2 建立适合农民工的社会救助制度

现有的社会救助制度尚未涵盖进城务工人员，当出现经济困难或因大病、重病导致家庭无力承担高额的医疗救治费用等情况时,农民工必然承担很大的生活或精神压力,会严重影响农民工就业稳定性,因此,要在现有城市救助制度基础之上,扩大救助范围、提高救助水平,将农民工纳入到城市社会救助网络,实现社会保障体系的无缝联接,为保障处于困难阶段的农民工正常生活而构筑最后一道安全防线,这是输入地政府对农民工履行最基本民生保障责任的重要体现。随着城市居民最低生活保障制度在全国的建立和实施,一个作为社会保障体系基础部分、同其他层次社会保障制度相互配套、相互衔接的城市居民最低生活保障制度网已初步成。这个保障网由一条经科学测定后确定的最低生活保障线、一个稳定的来自政府财政的资金渠道、一系列与之配套的保障手段、一整套规范的操作程序、一个相对严密的管理体制和以社会化、规范化、科学化为特征的运行机制构成。完善农民工社会救助制度最重要的一点就是逐步提高农民工社会救助的覆盖率。有步骤地推进农民工的社会救助,逐步将符合条件的农民工纳入城镇基本生活救助范围,通过完善最低生活保障制度为他们提供必要的社会最低生活保障,以维持基本生活条件,帮助他们渡过困难期。除此之外,还要探索农民工医疗社会救助、失业社会救助和法律社会救助等方面的新途径,完善农民工救助体系,加强整体推进。

8.2.3 强化农民工住房和子女教育保障机制

逐步将农民工家庭纳入输入地廉租房范围。目前许多城市的廉租房的适用对象是城市的双困难家庭,覆盖面较小。而农民工群体中的很大一部分人符合所在地区廉租房的适用标准,有必要将其纳入廉租房保障范围内。只要将农民工纳入到廉租房保障体系中去,农民工就会享受到政府的财政补贴,从一定程度可以解决农民工的住房问题。因此,在完善农民工廉租房保障政策时可以参考当前城镇廉租房的相关规定,根据农民工的特点,进行相关细则的调整与修改,建立起一套符合所在地区实际情况的审查、进入、轮候及退出机制。

城乡教育制度问题由于城市教育经费投入和教育水平远比农村高,很多转移就业劳动者都希望子女能够享受城市教育。然而优质教育资源有限,一部分农民工子女不能享受公平均等的教育机会。因此,加大教育资源的统筹力度，保障农民工子女接受义务教育的权利，将农民工子女义务教育纳入城市公共教育体系。

8.3 健全适应农民工就业特点的社会保障运行机制

8.3.1 完善社会保障信息化管理机制

农民工工作是一项牵涉面广、影响深远和带有全局性的复杂系统工程，涉及农民工职业能力建设、劳动管理、工资支付保障、养老保障、医疗保障、职业安全保障、住房保障、公共服务均等化、子女教育和文化生活等诸多方面，政策性极强，制度建设和实施的任务十分艰巨。由于农民工群体具有规模大、分布广、流动性强等特点，如果缺乏有效的信息化手段对当前农民工的规模、结构、分布、素质、就业和社会保障情况、居住条件、子女教育和户籍状态等方面进行科学分析和评价，政策制定的效率和制度实施的效果将受到负面影响。因此，加快推进农民工社会保障信息化建设，提升对农民工社会保障各项事业的支撑能力，这项工作显得尤为必要和十分紧迫。

建议借助"金保工程"二期立项和实施的有利契机，加强基层平台信息化建设，提升基层平台服务能力。一是要扩大联网数据应用，要逐步扩大应用范围，提高应用层次，要尽快将应用范围扩大到就业、失业、医疗、基金监管、异地业务协同管理等方面；二是要把面向社会为公众服务放在信息化建设的重要位置，树立以人为本的观念，面向农民工提供更多更便利的服务；三是要积极推进信息网络建设，构建国家、省、市、县、乡镇（街道）各级广覆盖、全畅通、高效率的城乡一体化的人力资源和社会保障信息服务网络；四是要按照数据向上集中、服务向下延伸的要求，由人力资源和社会保障部统一领导和协调、组织开发基层公共服务应用软件，将政策咨询、人力资源信息、就业创业服务、技能培训、社会保险服务、劳动监察和劳动人事争议调解等纳入基层公共服务信息化建设内容，实现基础台账电子化、业务经办网络化，切实提高工作效率和服务能力。

加快推进各省级行政区域社会保障"一卡通"建设进程，逐步将各省级行政区域内农民工就业和社会保障信息纳入社会保险管理信息系统内进行集中管理，实现资源共享。

在各省级行政区域内，以地市为中心的管理形式要逐步变为全省贯通的"大社保"模式，实现业务管理现代化，业务流程规范化，业务办公自动化，公众服务的多样化。以社保卡为载体，建成面向城乡参保人员、技术标准统一、多领域广泛使用的社保卡服务体系与运行管理机制。促进社保卡在人力资源和社会保障业务领域的广泛应用，在各省级行政区域范围实现社保卡的联网应用，逐步实现"一卡多用，一卡通用"，更好地为城镇居民、农村居民、农民工等提供方便、快捷、高效的服务。"一卡通"就业和社会保障信息管理系统简要流程如图8-1所示：

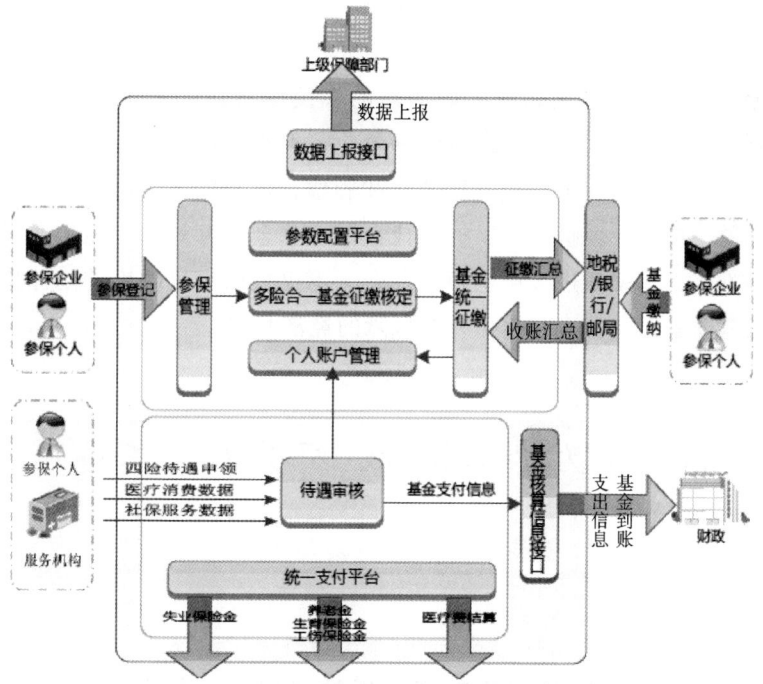

图8-1 "一卡通"就业和社会保障信息管理系统

8.3.2 完善社会保障关系的有序转移机制

逐步提高养老、医疗保险统筹层次，尽快实现基本养老保险全国统筹，建立医疗保险跨行政区域的经办网络。目前，我国基本养老保险为省级统筹，基本医疗保险为地方级统筹。由于统筹层次低，对流动就业人员尤其是农民工的社会保险关系转移接续带来障碍。为此，要尽快提高社会保险统筹层次，建议在继续推进完善省级统筹的基础上，加快基本养老保险全国统筹的步伐，并尽早实现基本医疗保险省级统筹，从根本上解决农民工养老保险转移难的问题，缓解农民工医疗保险转移接续等问题。

8.3.3 完善社会保障的资金筹措机制

进一步完善传统的由用人单位和劳动者共同缴费而形成社会保险基金的筹资机制，逐步调整、提高农民工个人账户积累基金比例，尤其是对工作稳定性差、流动频繁和回流倾向高的农民工参加养老保险进行有益探索，实行完全累积制，发挥参保激励效应，促进农民工人力资本投资。多渠道补充社会保障资金，如发行债券和彩票、调整财政支出结构、开征社会保障税、接受社会捐资、以提高社会保障基金运营效率为抓手实现保值增值等方式，国家通过多渠道筹集资金，不仅可以解决政府的隐性负债问题，还有助于夯实城乡一体化社会保障的经济基础。

8.4 加强人力资本投资，提升农民工群体参保能力

8.4.1 切实保障农民工子女受教育权益的公平实现

建立健全农民工随迁子女接受义务教育经费保障长效机制。无论是老

一代农民工还是新生代农民工,都要从职业能力建设的高度提升农民工人力资本存量和质量,而且要更加重视农民工子女人力资本积累问题,建立持续稳定的财政投入保障机制,保证农民工随迁子女和留守子女在义务教育阶段享有规范的、高质量的教育公共服务。因此,要加大解决后顾之忧力度,保障资金投入,使农民工子女学前教育和义务教育不受户口限制,能够享受到城市户口居民的待遇,在什么地方打工,子女就可以就近读书,这也是解决农民安心在城市从业的关键问题,只有解决了他们的后顾之忧,他们才能更好地安心工作,为国家建设发挥光和热。资金缺口问题是制约教育发展、制约解决农民工子女教育问题的重要因素。教育的公益性决定着教育经费保障的政府责任,解决问题必然通过落实相关教育经费保障机制来施行,包括公用教育经费保障和农民工子女就读专项经费保障。可以借鉴国外颁发教育券的经验和思路,有效解决流动人口子女异地接受教育的财政资金投入责任分配问题。

农民工输入地各级政府要统筹本地区居民子女和进城务工人员子女接受学前教育的需求,按照逐步推进"托幼一体化"的需要,以标准化幼儿园为主,以小规模幼儿园和幼儿看护点为补充,合理布局、科学规划幼儿园建设。各级政府要将学前教育经费列入财政预算,新增教育经费要向学前教育倾斜,加大学前教育投入,确保财政性学前教育经费在财政性教育经费中占合理比例,并逐年提高。对提供普惠性服务的公办和民办幼儿园实施奖补,逐步建立政府投入、社会举办者投入、家庭合理负担的投入机制。引导民办幼儿园提供普惠性服务。鼓励社会力量以多种形式举办幼儿园。研究制定普惠性民办幼儿园扶持政策,通过采取政府购买服务、减免租金、以奖代补、派驻公办教师等方式,引导和支持民办幼儿园提供面向广大农民工、办园规范、收费较低的普惠性学前教育服务。

8.4.2 重视新生代农民工职业能力建设

农民工社会保障是国家抵御工业化、城市化和市场化进程中农民工群体所面临的社会风险的一种制度安排,对保护和促进就业有着重大作用。市场经济是优胜劣汰规律作用下的竞争经济,必然会造成部分农民工及其家属因失去收入而陷入困境,影响劳动力的再生产。目前,为了应对失业和收入波动风险,各国普遍建立了就业保障制度,具体包括:失业预防、失业救济和失业保险三方面内容。失业预防和失业救济制度越来越强调对失业者进行就业激励,并通过有效实施教育、培训计划促进劳动力市场边缘群体人力资本存量的提升,目的是解决长期失业所带来的劳动技能退化和再就业困难问题。失业预防和失业救济制度主要包括失业预警制度、职业教育与培训和劳动力市场信息服务等。可见,农民工就业保障制度建设的重心应从单纯救济模式向失业预防和职业能力建设转变,从根本上解决失业所带来的劳动技能退化和再就业困难问题。

农民工职业能力建设有助于提升农民工人力资本存量水平,有助于异质性人力资本的形成,有助于实现高质量的就业,这些都从根本上保证了农民工就业关系和收入的稳定性,进而会提高农民工参保能力和就业关联式社会保障制度的覆盖面。因此,应着重从以下4个方面加强农民工职业能力建设:

(1) 整合培训资源,提高培训效率。农民工的职业技能培训办法、政策等政府有关部门近几年出台了不少,也取得了一些效果,但离社会和谐发展、市场的要求、农民工的期盼还有较大差距,本文认为目前比较迫切的是:①要"整合培训资源,提高培训效率"。有关部门应进一步明确分工,理顺培训体制,整合现有培训资源;②要"进一步加大农民工就业培训的财政支持力度";③要建立有效的"鼓励用人单位、个人合理分担培训投入"的机制,调动各方积极性。

(2) 健全农村劳动力转移机制,实施职业技能培训工程。无论是流入城市、流向乡镇企业打工,还是从事交通运输、服务等行业,农民工向非农产业流动基本上都是依托传统的血缘、地缘、人际关系网络,缺乏有组织、有规模、有计划的有序转移,可以说是属于农村劳动力自发的转移,带有很强的盲目性和无序性。一些转移劳动力人员的权益不能得到保障,而且绝大多数转移劳动力仍然保留着农民身份,职业稳定性差,缺乏可持续性和确定性,没有在真正意义上实现农村劳动力的转移,进而,职业能力建设不能够制度化、经常化,在很大程度上制约了农民工人力资本存量的提升。因此,要抓好劳务输出、输入对接机制建设,稳步推进农民工职业技能培训工程。

(3) 构建科学、合理的农民工职业培训质量控制机制。作为农民工培训的两个最为重要的主体,企业和包括技工学校在内的教育培训机构日益成为农民工培训规范化、常态化最为重要的载体。从我国各地区的实际情况来看,企业和技工学校在农民工培训中的作用发挥得充分与否,在很大程度上决定着农民工培训的质量和效果。各地区要不断完善农民工职业培训质量控制和考核机制,将培训质量作为培训补贴资金使用效益评价的主要依据。

对职业培训机构进行定期综合评估,以技工院校等农民工定点培训机构为重点评估对象。采用直接补贴方式,加大对企业培训工作的资金支持力度,重点建设一批运作规范、质量一流的农民工劳动就业培训基地,由各地区政府统一挂牌,采取政府购买培训成果的方式,建立起社会化的培训体系。各地区还应该探索建立农民工劳动技能培训质量控制的长效机制,形成一整套反映农民工自身职业技能水平的培训、考核、评定制度,颁发职业技能等级证书,有助于劳动力市场根据农民工自身技能状况确定合理的工资收入水平。

(4)有效确定农民工培训需求导向,加强公共就业服务信息网络平台建设。从各地区农民工培训实践上来看,农民工培训计划没有建立在对农民工培训需求的准确把握上。从上级向下级主管部门层层下达指标的做法比较普遍,导致低水平重复培训、部分培训项目的设计不适应农民工实际的需要、少数培训项目短期化和形式化等问题的出现。因此,建议各地区适当延长新生代农民工接受培训的时间,让农村新生劳动力接受更多的教育和专业技术培训,这既有利于提高农村劳动力的整体素质,有利于新生代农民工人力资本的积累,又可以实现高质量的就业,加快农民工市民化的进程。

总之,在当前的形势下,要真正维护农民工权益,与其限制企业裁员,不如帮助农民工升级,提高其就业竞争力。根据农民工自身需求和不同特点,开展有针对性的培训将有助于取得实际效果。对回乡创业,有培训需求的,重点开展创业培训,提升创业能力;对暂时回乡的,重点培训专业技能;对无一技之长的,进行职业教育,重树其就业观念,真正拥有一技之长后,可以造就一批懂技术、会经营、能管理的农业产业"蓝领"。还可以根据企业需求"量体裁衣"培训技能人才。

8.4.3 鼓励农民工多渠道创业，提升自身经济地位

农民工创业是通过自主创办生产服务项目、企业或从事个体经营实现市场就业的重要形式。由于是自己寻找项目、自筹资金、自主经营、自负盈亏、自担风险这样的机制，农民工创业有利于最大限度调动农民工个人的积极性、创造性来拓展新的就业空间，创造新的就业机会，也可以分散和化解失业风险，提高农民工自我保障能力。因此，农民工自谋职业和自主创业是实现高质量就业、提升自身经济地位的重要途径，也是主动适应就业格局和就业方式转变的重要体现。受我国经济社会不断发展的影响，农民工自主创业意识越来越强，但受自身素质和条件的制约，农民工创业能力有限，加之当前农民工创业服务机制并不完善，不能为农民工创业提供行之有效的服务，农民工创业困难重重，迫切需要给予帮助。

支持农民工创业，就是要在信贷、税收等方面实施更加优惠的措施，就是要在生产技术方面、信息咨询、法律服务、产品销售等方面给予相应的帮助，就是要积极扶持农民工返乡创业，以创业促就业。主要建议包括：

（1）创新政策扶持机制。落实各项补贴和税费减免政策，扩大小额担保贷款扶持范围，并适度提高贷款额度，满足农民工返乡创业资金需求。积极探索实践多种形式担保模式，助力农民工返乡创业。针对农民工缺乏有效抵押或质押的现实状况，在法律允许、财产权益归属清晰的前提下，积极探索，有效扩大抵押担保范围，推行存货、应收账款、仓单、动产浮动质押等多种形式的抵（质）押贷款品种。各金融机构要继续大力开发信贷产品，不断完善"农民工小额担保贷款""农民工返乡创业贷款"等已有信贷品种，提升服务质量，有效缓解农民工创业融资难的问题。不断加大"三农"经济、县域经济、劳动密集型小企业和农业产业化龙头企业的信贷支持，增加涉农贷款，支持县域产业结构调整，为农民工提供更广阔的就业空间，以增收带动农民工就业和社会保障能力的提升。

（2）创新工作推进机制。通过建立健全创业指导服务中心、创业孵化基地、小额担保贷款中心等，形成政策扶持、创业培训、创业服务"三位一体"的工作机制。要重视农民工强化创业培训指导服务工作机制的建

设。组建农民工创业培训师资力量,积极开发具有针对性和实用性的创业项目资料,使更多有创业意愿的农民工通过系统培训掌握创业知识和技能。同时,从各行各业选取专家组成创业指导专家志愿团,为农民工创业者提供创业指导、项目推介、政策咨询、小额担保贷款、开业指导和创业后续跟踪帮扶等服务,着力提升创业成功率。

(3)实现农民工创业项目推介常态化。定期举办大规模农民工创业项目推介会的模式。建立每半月举办一次为主、年度大规模推介为辅的农民工创业项目推介长效机制,面向农民工创业者免费发放创业项目指导手册和刊登创业项目信息,为农民工创业者搭建政策咨询和项目推介平台。

我国有关农民工社会保障的政策规定

项目	相关政策	主要内容
总体要求	2011年《中华人民共和国社会保险法》； 1994年《中华人民共和国劳动法》； 2006年《国务院关于解决农民工问题的若干意见》（国发〔2006〕5号）和《关于贯彻落实＜国务院关于解决农民工问题的若干意见＞的实施意见》（劳社部发〔2006〕15号）等文件相继出台	用人单位和劳动者必须依法参加社会保险，缴纳社会保险费。劳动者在退休、患病、负伤、因工伤残或者患职业病、失业、生育时，依法享受社会保险待遇。并针对农民工群体专门制定了农民工相关问题与政策实施
工伤	2001年《职业病防治法》（主席令60号）	职业病病人除依法享受工伤保险待遇，依照有关民事法律，尚有获得赔偿的权利的，有权向用人单位提出赔偿要求
	2003年《工伤保险条例》（国务院令第375号）	"附则"中强调：与用人单位存在劳动关系（包括事实劳动关系）的各种用工形式、各种用工期限的劳动者都在参保范围
	2003年《关于非全日制用工若干问题的意见》（劳社部发〔2003〕12号）	用人单位应当按照国家有关规定为建立劳动关系的非全日制劳动者缴纳工伤保险费。从事非全日制工作的劳动者发生工伤，依法享受工伤保险待遇
	2003年《非法用工单位伤亡人员一次性赔偿办法》（劳社部令第19号）	对非法用工单位伤亡人员的赔偿范围和标准，单位拒不支付一次性赔偿及有关争议如何处理等问题，作出了明确规定
	2004年《农民工参加工伤保险有关问题的通知》（劳社部发〔2004〕18号）	对注册地与生产经营地不在同一统筹地区的企业，农民工的参保方式；以及跨省流动的农民工，1至4级伤残长期待遇的支付方式等作出规定

续表

项目	相关政策	主要内容
工伤	2006年劳动保障部制定并开始在全国组织实施了农民工的"平安计划"	推进农民工参加工伤保险三年计划。"平安计划"总的目标是：2006年，大中型煤矿企业农民工全部参加工伤保险；2007年，半数以上小煤矿企业农民工参加工伤保险；2008年底前，基本实现全部煤矿、非煤矿山企业和大部分建筑企业农民工参加工伤保险
医疗	1998年《国务院关于建立城镇职工基本医疗保险制度的决定》（国发〔1998〕44号）	城镇所有用人单位，包括企业（国有企业、集体企业、外商投资企业、私营企业等）、机关、事业单位、社会团体、民办非企业单位及其职工，都要参加基本医疗保险
医疗	2003年《关于非全日制用工若干问题的意见》（劳社部发〔2003〕12号）	可以以个人身份参加基本医疗保险，并按照待遇水平与缴费水平相挂钩的原则，享受相应的基本医疗保险待遇。参加基本医疗保险的具体办法由各地劳动保障部门研究制定
医疗	2003年《关于城镇灵活就业人员参加基本医疗保险的指导意见》（劳社厅发〔2003〕10号）	针对灵活就业人员参保方式、激励措施和待遇水平等问题提出明确的指导意见
医疗	2004年《关于推进混合所有制企业和非公有制经济组织从业人员参加医疗保险的意见》（劳社发〔2004〕5号）	与用人单位形成劳动关系的农村进城务工人员纳入医疗保险范围。根据农村进城务工人员的特点和医疗需求，合理确定缴费率和保障方式，解决他们在务工期间的大病医疗保障问题，用人单位要按规定为其缴纳医疗保险费
医疗	2006年国家劳动和社会保障部办公厅于下大了《关于开展农民工参加医疗保险专项扩面行动的通知》	列出了2006年农民工参加医疗保险专项指标。指标要求2006年全国有2000万农民工参加医疗保险，而浙江与北京、上海等城市要求完成200万指标
医疗	2009年3月17日《中共中央国务院关于深化医药卫生体制改革的意见》	"妥善解决农民工基本医疗保险问题。签订劳动合同并与企业建立稳定劳动关系的农民工，要按照国家规定明确用人单位缴费责任，将其纳入城镇职工基本医疗保险制度；其他农民工根据实际情况，参加户籍所在地新型农村合作医疗或务工所在地城镇居民基本医疗保险"

续表

项目	相关政策	主要内容
养老	2001年《关于完善城镇职工基本养老保险政策有关问题的通知》（劳社部发〔2001〕20号）	（1）农民合同制职工，在于企业终止或解除劳动关系后，由社会保险经办机构保留其养老保险关系，保管其个人账户并计息，凡重新就业的，应接续或转移养老保险关系；也可按照省级政府的规定，根据农民合同制职工本人申请，将其个人账户个人缴费部分一次性支付给本人，同时终止养老保险关系，凡重新就业的，重新参加养老保险； （2）男年满60周岁、女年满55周岁时，累计缴费年限满15年以上的，可按规定领取基本养老金；累计缴费年限不满15年的，其个人账户全部储存额一次性支付给本人
	2003年《关于非全日制用工若干问题的意见》（劳社部发〔2003〕12号）	原则上参照个体工商户的参保办法执行。对已参加过基本养老保险和建立个人账户的人员，前后缴费年限合并计算，跨统筹地区转移的，应办理基本养老保险关系和个人账户的转移、接续手续。符合退休条件时，按国家规定计发基本养老金
	2005年《关于完善企业职工养老保险制度的决定》（国发〔2005〕38号）	城镇个体工商户和灵活就业人员参加基本养老保险的缴费基数为当地上年度在岗职工平均工资，缴费比例为20%，其中8%记入个人账户，退休后按企业职工基本养老金计发办法计发基本养老金
	2009年2月20日，人力资源和社会保障部就《农民工参加基本养老保险办法》征求意见办法。	这个只有五个要点的摘要稿，包含了农民工养老保险可转移接续、降低农民工缴费标准等重要规定。办法规定："用人单位缴费比例为工资总额的12%，比目前规定的平均缴费比例低了8个百分点；农民工个人缴费比例为4%至8%，可以根据本人的收入情况合理选择和确定。过去已经参加城镇职工医疗保险的农民工及用人单位，可以按照本办法的规定调整缴费比例"

续表

项目	相关政策	主要内容
失业	1999年《失业保险条例》（国务院令第258号）	（1）城镇企业事业单位招用的农民合同制工人本人不缴纳失业保险费； （2）单位招用的农民合同制工人连续工作满1年，本单位并已缴纳失业保险费，劳动合同期满未续订或者提前解除劳动合同的，由社会保险经办机构根据其工作时间长短，对其支付一次性生活补助。补助的办法和标准由省、自治区、直辖市人民政府规定

资料来源：根据相关法律法规资料整理

参考文献

[1] Acemoglu D. and Guerrieri V. Capital Deepening and Non – Balanced Economic Growth [J]. Journal of Political Economy, 2008, 116 (3): 467 – 498.

[2] Anna, Damm. Determinants of recent immigrants location choices: quasi – experimental evidence [J]. Journal of Population Economics, 2009, 22 (1): 145 – 174.

[3] Arrow, Kenneth. Uncertainty and the Welfare Economics of Medical Care, [J]. American Economic Review, 1963, 53 (5): 941 – 973.

[4] Asadul Islam. The Substitutability of Labor between Immigrants and Natives in the Canadian Labor Marker [J]. Journal of Population Economics, 2009, 22 (1): 199 – 217.

[5] Atim, Chrisa. Social Movements and Health insurance, a Critical Evaluation of Voluntary. NonProfit in surance Schemes with case Studies from Ghana and Cameroon [J]. Social Seience&Medicine, 1999, 48 (7): 881 – 896.

[6] Banerjee&Piketty. Top Indian incomes, 1922 – 2000 [J]. The world Bank Economic Review, 2005, 19 (12): 1 – 20.

[7] Benoit Dostie and Pierre Thomas Leger. Self – Selection in Migration and Returns to Unobservables [J]. Journal of Population Economics, 2009, 22 (4): 1005 – 1024.

[8] Blinder. A. S. Wage Discrimination: Reduced Form and Structural Estimates [J]. Journal of Human Resources, 1973 (4): 436 – 455.

[9] Bloom, David and Jeffrey Williamson. Demographic Transitions and

Economic Miracles in Emerging Asia [J]. NBER Working Paper Series, 1997, 62 – 68.

[10] Branther, Paula A. EEOC's New Guidance on Discrimination in Employee Benefits [J]. Employee Rights Quarterly, 2001 (4): 83 – 84.

[11] Cai, Fang, Dewen Wang and Yang Du. Regional DisParity and Economic Growth in China: The Impact of Labor Market Distortions [J]. China Economic Review, 2002 (3): 197 – 212.

[12] Carneiro P, J. J. Heckman, and D. V. Masterov. Labor Market Discrimination and Racial Differences in Premarket Factors [J]. Journal of Law and Economics, 1978 (1): 1 – 40.

[13] Chay, Kenneth Y. The Impact of Federal Civil Rights Policy on Black Economic Progress: Evidence from the Equal Employment Opportunity Act of 1972 [J]. Industrial and Labor Relations Review, 1998 (4): 608 – 632.

[14] Cohen – Goldner, Sarit, Gotlibovski, Chemi&Kahana, Nava. The role of marriage in immigrants human capital investment under liquidity constraints [J]. Journal of Population Economics, 2009, 22 (4): 983 – 1003.

[15] Coleman, Major G. Racial Discrimination in the Workplace: Does Market Structure Make a Difference? [J]. Industrial Relations, 2004 (3): 660 – 663.

[16] Cotton J. On the DecomPosition of Wage Dieffferentials [J]. Review of Economics and Statistics, 1988 (2): 236 – 243.

[17] Dan H. Black. Discrimination in an Equilibrium Search Model [J]. Journal of Labor Economics, 1995, 13 (2): 309 – 334.

[18] David Buffum and Robert Whaples. Fear and Lathing in the Michigan Furniture Industry: Employee – Based Discrimination a Century Ago [J]. Economic Inqury 1995, 33 (2): 234 – 252..

[19] Dell F. Top incomes in Germany and Switzerland over the twentieth century [J]. Journal of the European Economic Association, 2005, 3 (3): 412 – 421.

[20] EHRLICH I, KIM J. Social Security and Demographic Trends: Theory And Evidence from the International Experience [J]. Review of Economic

Dynamics, 2007, 10 (1): 55 - 77.

[21] Futoshi, Yamauchi&Sakiko, Tanabe. Nonmarket networks among migrants: evidence from metropolitan Bangkok, Thailand [J]. Journal of Population Economics, 2008, 21 (3): 649 - 664.

[22] Goldin&Katz. The legacy of U.S. educational leadership [J]. The American Economic Review, 2001, 91 (2): 18 - 23.

[23] Goldsmith, Arthur H., Sedo et al. The Labor Supply Consequences of Perceptions of Employer Discrimination during Search and on - the - job: Integrating Neoclassical Theory and Cognitive Dissonance [J]. Journal of Economic Psychology, 2004 (25): 15 - 39.

[24] Gordon&Dew - Becker. Controversies about the rise of American inequality: A survey [J]. NBER Working Paper, 2008.

[25] Harrie, Verbon&Lex, Meijdam. Too many migrants, too few services: a model of decision - making on immigration and integration with cultural distance [J]. Journal of Population Economics, 2008, 21 (3): 665 - 677.

[26] http://www.hadc.gov.cn/info/cms/template_InfoShow/hndczd/infoshow.jsp? columnId = 280&infoId = 10825, 2013 - 02 - 28.

[27] Jaumotte and Tytell. How Has The Globalization of Labor Affected the Labor Income Share in Advanced Countries? [J]. Working Paper, 2007.

[28] Joni Hersch. Profiling the New Immigrant Worker: The Effects of Skin Color and Height [J]. Journal of Labor Economics, 2008, 21 (2): 345 - 386.

[29] Joop Hartog and Asian Zorlu. How Important Is Homeland Education for Refugees' Economic Position in the Netherlands? [J]. Journal of Population Economics, 2009, 22 (1): 219 - 246.

[30] Jorgen, Hansen&Magnus, Lofstrom. The dynamics of immigrant welfare and labor market behavior [J]. Journal of Population Economics, 2009, 22 (4): 941 - 970.

[31] Ken, Clark&Joanne, Lindley. Immigrant assimilation pre and post labour market entry, evidence from the UK Labour Force Survey [J]. Journal of Population Economics, 2009, 22 (1): 175 - 198.

［32］Kenneth Lieberthal. Governing China: From Revolution Through Reform ［M］. New York: W. W. Norton, 1995: 17 - 36.

［33］Kran Blume, Mette Ejrnas, Helena Skyt Nielsen and Allan Wurtz. Labor Market Transitions of Immigrants with Emphasis on Marginalization and Self - Employment ［J］. Journal of Population Economics, Vol. 22, NO. 4: 881 - 908.

［34］Leah Platt Boustan, Price V. Fishback, Shawn Kantor. The Effect of Internal Migration on Local Labor Markets: American Cities during the Great Depression ［J］. Journal of Labor Economics, 2010, 23 (4): 719 - 746.

［35］Leif Husted, Eskill Heinesen and Signe Hald Andersen. Labor Market Integration of Immigrants: Estimating Local Authority Effects ［J］. Journal of Population Economics, 2009, 22 (4): 909 - 939.

［36］Lin, Yifu and Liu, Peilin. Achieving Equity and Efficiency Simultaneously in the Primary Distribution Stage in the People's Republic of China ［J］. Asian Development Review, 2008, 25 (1): 34 - 57.

［37］Manning, Alan. The Real Thin Theory: Monopsony in Modern Labour Markets ［J］. Labour Economics, 2003 (10): 105 - 131.

［38］Moriguchi&Saez. The evolution of income concentration in Japan, 1885 - 2002 ［J］. NBER Working Paper, 2005.

［39］Murphy&Zabojnik. CEO pay and turnover ［J］. American Economic Review, 2004, 94 (2): 192 - 196.

［40］Olof, slund&Oskar, Nordstrm Skans. How to measure segregation conditional on the distribution of covariates ［J］. Journal of Population Economics, 2009, 22 (4): 971 - 981.

［41］Panu, Poutvaara. On human capital formation with exit options: comment and new results ［J］. Journal of Population Economics, 2008, 21 (3): 679 - 684.

［42］Philip Oreopoulos, Marianne Page, Ann Huff Stevens. The Intergenerational Effects of Worker Displacement ［J］. Journal of Labor Economics, 2008, 21 (3): 955 - 1000.

［43］Piketty&Qian. Income inequality and progressive income taxation in

China and India, 1986—2015 [J]. CEPR Discussion Paper, 2006.

［44］Piketty&Saez. Income inequality in the United States, 1913 - 1998 [J]. Quarterly Journal of Economics, 2003, 118（1）: 1 - 39.

［45］Piketty&Saez. The evolution of top incomes [J]. NBER Working Paper, 2006.

［46］Piketty T. Income inequality in France, 1901—1998 [J]. Journal of Political Economy, 2003, 111（5）: 1004 - 1042.

［47］Raquel Carrasco, Juan F. Jimeno and A. Carolina Ortega. The Effect of Immigration on the Labor Market Performance of Native - Born Workers: Some Evidence for Spain [J]. Journal of Population Economics: 2008, 21（3）: 627 - 648.

［48］Robinson C. &Tomes N. Union wage differentials in the public and private sectors: a simultaneous equations specification [J]. Journal of Labor Economics,1984, 2（1）: 106 - 127.

［49］Roine, Vlachos&Waldenstrom. The long - run determinants of inequality [J]. Journal of Public Economics, 2009, 93（3）: 974 - 988.

［50］Saez&Veall. The evolution of high incomes in Canada, 1920—2000 [J]. NBER Discussion Paper, 2003.

［51］Saez&Veall. The evolution of high incomes in Northern American [J]. American Economic Review, 2005, 95（3）: 831 - 849.

［52］Saez E. Income and wealth concentration in a historical and international perspective [J]. NBER Working Paper, 2004.

［53］Saez, Slemrod&Giertz. The elasticity of taxable income with respect to marginal tax rates [J]. NBER Working Paper, 2009.

［54］Scheve&Stasavage. Institutions, partisanship, and inequality in the long run [J]. World Politics, 2009, 61（2）: 215 - 253.

［55］Schroeder, Fredric K. Workplace issues and placement: What is high quality employment？[J]. Work, 2007, 29（4）: 357 - 358.

［56］Shigeru Fujita. Economic Effects of the Unemployment Insurance Benefit [J]. Business Review, 2010（4）: 20 - 27.

［57］Solinger, Dorothy J. Citizenship issues in China's internal migration: Comparisons with Germany and Japan [J]. Political Science Quarterly, 1999 (3): 455-478.

[58] Tedin K. L. The Influence of Parents on the Political Attitudes of Adolescents [J]. American Political Science Review, 1974, 68 (4): 1579-1592.

[59] [美] M·P·托达罗. 第三世界的经济发展 [M]. 北京: 中国人民大学出版社, 1988.

[60] [美] 坎贝尔·R·麦克南, 斯坦利·L·布鲁和大卫·A·麦克菲逊. 当代劳动经济学 [M]. 北京: 人民邮电出版社, 2006: 288-321.

[61] [美] 桑普福斯特, 桑那托斯. 劳动经济学前沿问题 [M]. 北京: 中国税务出版社, 2000: 219-246.

[62] [美] 伊兰伯格, 史密斯. 现代劳动经济学——理论与公共政策 [M]. 北京: 中国人民大学出版社, 1999: 394-436.

[63] [英] 德里克·博斯沃思, 彼得·道金斯和索尔斯坦·斯特龙巴克. 劳动市场经济学 [M]. 北京: 中国经济出版社, 2003: 417-434.

[64] 阿马蒂亚. 伦理学与经济学 (中译本) [M]. 北京: 商务印书馆, 2000: 10.

[65] 安体富, 任强. 公共服务均等化: 理论、问题与对策 [J]. 财贸经济, 2007 (8): 48-53.

[66] 安体富. 完善公共财政制度, 逐步实现公共服务均等化 [J]. 东北师范大学学报, 2007 (3): 88-93.

[67] 贝克尔. 家庭经济学与宏观行为 (上) [J]. 赵思新译. 现代外国哲学社会科学文摘, 1994: 18-21.

[68] 蔡昉, 白南生. 中国转轨时期劳动力流动 [M]. 北京: 北社会科学文献出版社, 2006: 191-199, 244-255.

[69] 蔡昉, 都阳和高文书. 劳动经济学——理论与中国现实 [M]. 北京: 北京师范大学出版社, 2009: 168-183.

[70] 蔡昉, 都阳和王美艳. 中国劳动力市场转型与发育 [M]. 上海: 商务印书馆, 2005: 181-253.

[71] 蔡昉, 王德文. 中国经济增长可持续性与劳动贡献 [J]. 经济研究, 1999 (10): 62-68.

[72] 蔡昉,杨涛. 城乡收入差距的政治经济学 [J]. 中国社会科学, 2000 (4): 11-24.

[73] 蔡昉. 被世界关注的中国农民工 [J]. 国际经济评论, 2010 (2): 40-53.

[74] 蔡昉. 二元劳动力市场条件下的就业体制转换 [J]. 中国社会科学, 1998 (2): 4-14.

[75] 曹信邦. 农民工养老社会保险制度研究 [J]. 理论探讨, 2005 (3): 30-32.

[76] 曹信邦. 我国地区间社会保障利益冲突及其协调 [J]. 中国行政管理, 2009 (9): 23-25.

[77] 陈海威. 中国基本公共服务体系研究 [J]. 科学社会主义, 2007 (3): 98-100.

[78] 陈禄青. 广西外出农民工社会保障状况调查及研究 [J]. 安徽农业科学. 2010 (30).

[79] 陈文瑛等. 工伤保险行业差别费率确定方法探讨. 安全与环境学报, 2005 (3): 113.

[80] 陈玉阳,郑燕娜浙江省建立新农合筹资与管理长效机制的探索 [J]. 中国农村卫生事业管理, 2006 (1): 21-22.

[81] 成都市统计局. 成都市2012年度统筹城乡发展评价监测报告 [EB/OL]. http://www.cdstats.chengdu.gov.cn/detail.asp?ID=75343&ClassID=02080203, 2013-05-16.

[82] 成华威,崔永军. 农民工社会保障中的社会排斥 [J]. 社会科学辑刊. 2006 (6): 89-92.

[83] 褚福灵. 社会保险关系转续 [J]. 北京劳动保障职业学院学报, 2008 (2): 20-23.

[84] 崔传义. 对就业形势、刘易斯拐点的判断和政策选择 [J]. 中国就业, 2011 (4): 8-10.

[85] 丹尼斯·吉尔伯特,约瑟夫·A. 卡尔. 美国阶级结构 [M]. 北京: 中国社会科学出版社, 1992: 92.

[86] 单菁菁. 农民工市民化的成本及其分担机制 [A]. 潘家华,魏后凯等. 中国城市发展报告: 农业转移人口的市民化 [C]. 北京: 社会科

学文献出版社, 2013: 137.

[87] 丁元竹. 促进我国基本公共服务均等化的战略思路和基本对策 [J]. 经济研究参考, 2008 (48): 11 - 12.

[88] 费景汉, 拉尼斯. 增长和发展: 演进观点 [M]. 北京: 商务印书馆, 2004: 1 - 24.

[89] 费景汉, 拉尼斯. 劳动剩余经济的发展 [M]. 王璐译. 北京: 经济科学出版社, 1992.

[90] 葛正鹏, 王宁, 琚向红. 农民工就业问题研究 [M]. 北京: 中国水利水电出版社, 2009: 78 - 104.

[91] 辜胜阻, 简新华. 当代中国人口流动与城镇化 [M]. 武汉: 武汉大学出版社, 1994: 1 - 5.

[92] 顾昕, 方黎明. 自愿性与强制性之间——中国农村合作医疗的制度嵌入性与可持续性发展分析 [J]. 社会学研究, 2004 (5): 5 - 17.

[93] 顾燕新. 论农民工社会保障的路径选择和政策建议 [J]. 湖北广播电视大学学报, 2013 (10): 70 - 71.

[94] 郭金丰, 杨翠迎. 农民工社会保障制度建立过程中的政府责任探析 [J]. 江西行政学院学报, 2004 (4): 19 - 21.

[95] 国福丽. 就业质量及其影响因素研究: 来自中国中小企业的证据 [M]. 黑龙江: 黑龙江大学出版社, 2011: 42.

[96] 国福丽. 就业质量及其影响因素研究: 来自中国中小企业的证据 [M]. 黑龙江: 黑龙江大学出版社, 2011: 43 - 44.

[97] 国家人口和计划生育委员会流动人口服务管理司. 中国流动人口发展报告 2011 [M]. 北京: 中国人口出版社, 2011: 3 - 14.

[98] 国家统计局. 2010 年第六次全国人口普查主要数据 [M]. 北京: 中国统计出版社, 2011: 41.

[99] 国家统计局. 2012 年城镇非私营单位就业人员年平均工资 46769 元 [EB/OL]. http://www.stats.gov.cn/tjsj/zxfb/201305/t20130517_12975.html, 2013 - 05 - 17.

[100] 国家统计局. 2012 年城镇私营单位就业人员年平均工资 28752 元 [EB/OL]. http://www.stats.gov.cn/tjsj/zxfb/201305/t20130517_12974.html, 2013 - 05 - 17.

[101] 国家统计局. 2012年全国农民工监测调查报告 [EB/OL]. http://www.stats.gov.cn/tjfj/zxfb/2013/05/t20130527_12978.html.

[102] 国家统计局. 2011中国发展报告 [M]. 2011：99-105.

[103] 国家统计局河南调查总队. 2012年河南农村外出务工人数持续增加 [EB/OL]. http://www.hadc.gov.cn/dczdcms/html/32/624/2013-2-1/10825.html.

[104] 国家统计局上海调查总队. 上海市外来农民工参加社会保障专项调查 [EB/OL]. http://www.stats-sh.gov.cn/fxbg/201307/258596.html, 2013-07-25.

[105] 国家统计局郑州调查队. 郑州市农民工市民化状况调查 [EB/OL]. http://tjj.zhengzhou.gov.cn/fxtj/217500.jhtml, 2013-12-02.

[106] 国务院发展研究中心课题组. 农民工市民化——制度创新与顶层政策设计 [M]. 北京：中国发展出版社，2011：172-181.

[107] 国务院发展研究中心课题组. 中国农民工问题总体趋势：观测"十二五" [J]. 改革，2010（8）：5-29.

[108] 国务院农民工办课题组. 中国农民工发展研究 [M]. 北京：中国劳动社会保障出版社，2013：119-120.

[109] 国务院农民工办课题组. 中国农民工发展研究 [M]. 北京：中国劳动社会保障出版社，2013：146-159.

[110] 国务院农民工办课题组. 中国农民工发展研究 [M]. 北京：中国劳动社会保障出版社，2013：177-195.

[111] 国务院农民工办课题组. 中国农民工发展研究 [M]. 北京：中国劳动社会保障出版社，2013：183.

[112] 国务院农民工办课题组. 中国农民工发展研究 [M]. 北京：中国劳动社会保障出版社，2013：209-219.

[113] 国务院研究室课题组. 中国农民工调研报告 [M]. 北京：中国岩实出版社，2006：69-121.

[114] 韩长赋. 中国农民工的发展与终结 [M]. 北京：中国人民大学出版社，2007：5-70.

[115] 韩福国，孙颖，许小丹. 人口流动视野下的现代城市公共安全建构——基于"新兴产业工人"对开放式城市治理结构的需求分析 [J].

甘肃行政学院学报．2013（1）：25 – 33．

[116] 韩淑娟．农民工社会保障缺失的制度因素研究［J］．山西师大学报（社会科学版），2009（5）：46 – 50．

[117] 何承金，唐志红，戴宾．劳动经济学［M］．大连：东北财经大学出版社，2002：144 – 156．

[118] 何琼等．论就业歧视的界定——欧盟"正当理由"理论对我国的启示［J］．法学，2006（4）：112 – 118．

[119] 侯晋封．中国农民工流动就业问题研究［D］．博士学位论文，中共中央党校，2009．

[120] 胡鞍钢，杨韵新．正规化到非正规化——我国城镇非正规就业状况分析［J］．管理世界，2001（2）：69 – 78．

[121] 胡务，张伟．成都农民工综合社会保险研究［J］．农村经济．2005（2）：73 – 76．

[122] 华迎放．农民工社会保障模式选择［J］．中国劳动，2005（5）：20 – 23．

[123] 贾康．公共财政与社会和谐［J］．经济研究参考，2006（45）：2 – 13．

[124] 贾康．公共服务均等化应积极推进，但不能急于求成［J］．审计与理财，2007（8）：5 – 6．

[125] 姜长云．中国服务业：发展与转型［M］．山西：山西经济出版社，2012：119．

[126] 金南顺等．覆盖农民工的城市公共服务体系研究［M］．北京：中国社会科学出版社，2012：13．

[127] 金钟范．韩国社会保障制度［M］．上海：上海人民出版社，2011：126．

[128] 景跃军，高月，高双．长春市农民工社会保障状况调查分析［J］．东北师大学报（哲学社会科学版），2011（1）：69 – 72．

[129] 李红．农村合作医疗法律制度的缺陷与完善［J］．吉林公安高等专科学校学报 2009（1）：86 – 88．

[130] 李竞能．现代西方人口理论［M］．上海：复旦大学出版社，2004：164．

[131] 李宁. 中国农村医疗卫生保障制度研究 [M]. 知识产权出版社, 2008: 1-36.

[132] 李帅. 我国进城农民工住房及其保障问题研究 [D]. 硕士学位论文, 东北大学, 2009.

[133] 李雪萍, 刘志昌. 基本公共服务均等化的区域对比与城乡比较——以社会保障为例 [J]. 华中师范大学学报（人文社会科学版）, 2008 (3): 18-25.

[134] 李迎生, 袁小平. 新型城镇化进程中社会保障制度的因应——以农民工为例 [J]. 社会科学, 2013 (11): 76-85.

[135] 李迎生. 以城乡整合为目标推进我国社会保障体系的改革 [J]. 社会科学研究, 2002 (1): 117-120.

[136] 李芝倩. 中国农村劳动力流动及其增长绩效研究 [M]. 北京: 经济科学出版社, 2011: 93-95.

[137] 梁长来. 农村合作医疗模型及其福利经济学分析 [J]. 郑州铁路职业技术学院学报 2007 (2): 78-80.

[138] 梁君林, 汪朝霞. 社会保障理论 [M]. 安徽: 合肥工业大学出版社, 2011: 225-240.

[139] 梁平, 张春利. 我国农民工社会养老保障模式探析 [J]. 安徽农业科学. 2007 (22): 6929-6930.

[140] 刘斌. 农民工养老保险制度研究 [D]. 硕士学位论文, 中国科学技术大学, 2009.

[141] 刘洪斌. 社会转型中农民工社会保障问题探析 [J]. 河南工业大学学报（社会科学版）, 2005 (3): 8-10.

[142] 刘军安等. 社会诸因素对新型农村合作医疗可持续发展的影响 [J] 中国卫生事业管理, 2007 (11): 770.

[143] 刘丽敏. 我国青年农民工群体的社会保障观及其实践——对小时工生活世界现象的社会学分析 [J]. 中国青年政治学院学报. 2010 (3): 120-124.

[144] 刘丽萍. 金融危机形势下安徽农村剩余劳动力转移问题探析 [J]. 农村经济与科技, 2009 (7): 10-12.

[145] 刘尚希. 基本公共服务均等化: 现实要求和政策路径 [J]. 浙

江经济，2007（13）：24－27.

[146] 刘文，牟松萍，陈洁. 中日韩人口和就业结构发展及对劳动关系的影响研究［A］. 罗润东，刘文等. 劳动经济评论［C］. 北京：经济科学出版社，2012：37－55.

[147] 卢现祥. 西方新制度经济学（修订版）［M］. 北京：中国发展出版社，2003：90－91.

[148] 鲁建彪. 构建和谐社会视野下的农民工就业及社会保障问题研究［J］. 经济问题探索，2008（12）：93－97.

[149] 罗遐. 农民工社会保障问题研究——基于苏皖四村的一项实地调查［Z］. 中国优秀博硕士学位论文数据库，2003.

[150] 迈克尔·P·托达罗. 经济发展［M］. 北京：中国经济出版社，1999：249.

[151] 迈克尔·P·托达罗. 经济发展［M］. 北京：中国经济出版社，1999：267.

[152] 孟宏斌. 新型农村合作医疗筹资机制与利益相关主体博弈研究［J］. 中国农业大学学报（社会科学版），2007（1）：123－129.

[153] 人力资源和社会保障部劳动科学研究所. 中国劳动科学研究报告集［M］. 北京：经济科学出版社，2012.06：436－438.

[154] 任兴洲等. 中国住房市场发展趋势与政策研究［M］. 北京：中国发展出版社，2012：56－59.

[155] 沈开艳. 印度经济改革发展二十年：理论、实证与比较（1991－2010）［M］. 上海：上海人民出版社，2011：124－137.

[156] 沈琴琴，潘泰萍. 劳动经济学［M］. 北京：中国人民大学出版社，2013：175.

[157] 沈琴琴，潘泰萍. 劳动经济学［M］. 北京：中国人民大学出版社，2013：79.

[158] 盛来运. 流动还是迁移——中国农村劳动力流动过程的经济学分析［M］. 上海：上海远东出版社，2008：90－99.

[159] 宋健敏. 日本社会保障制度［M］. 上海：上海人民出版社，2012：87－92.

[160] 谭崇台. 发展经济学的新发展［M］. 武汉：武汉大学出版社，

1999: 1-31.

[161] 谭婉. 农民工社会保障问题探析——一个公共财政的观点 [J]. 社会科学家. 2007 (S2): 40-41.

[162] 唐楚生, 黄飞. 新型农村合作医疗兴起的制度经济学分析 [J]. 湛江师范学院学报, 2008 (5): 137-140.

[163] 唐钧. 改善低收入群体收入的社会政策 [J]. 中国劳动, 2006 (9): 16-18.

[164] 田丰. 城市工人与农民工的收入差距研究 [J]. 社会学研究, 2010 (2): 87-106.

[165] 涂玉华. 不同群体社保权益公平性问题研究 [J]. 经济问题探索, 2009 (2): 133-139.

[166] 王成艳, 薛兴利. 新型农村合作医疗的筹资机制 [J]. 中国卫生资源, 2005 (8): 149-151.

[167] 王春光. 平等就业——部分国家和地区反就业歧视的立法与实践 [M]. 北京: 知识产权出版社, 2011: 6-63, 123.

[168] 王贵民. 强制型制度变迁到诱致型制度变迁——新型农村合作医疗制度变迁路径的现实选择 [J]. 经济体制改革, 2009 (2): 92-96.

[169] 王继云. 新生代农民工社会保障现状成因及对策分析 [J]. 咸宁学院学报. 2012 (7): 20-22.

[170] 王宁, 王业强. 推进城镇常住人口基本公共服务全覆盖 [A]. 潘家华, 魏后凯等. 中国城市发展报告: 农业转移人口的市民化 [C]. 北京: 社会科学文献出版社, 2013: 229-242.

[171] 王卫平, 郭强. 社会救助学 [M]. 北京: 群言出版社, 2007: 40-50.

[172] 王莹. 基本公共服务均等化的理念透视 [J]. 中国市场, 2008 (3): 90-91.

[173] 威廉·阿瑟·刘易斯. 二元经济论 [M]. 施炜等译. 北京: 北京经济学院出版社, 1989: 10-42.

[174] 威廉·阿瑟·刘易斯. 二元经济论 [M]. 施炜等译. 北京: 北京经济学院出版社, 1989: 1-27.

[175] 威廉·配第. 政治算术 [M]. 北京: 商务印书馆, 1978.

[176] 魏玉莲. 2012年长三角地区经济发展报告 [J] 统计科学与实践, 2013 (3): 24-25.

[177] 夏杰长. 提高基本公共服务供给水平的政策思路: 基于公共财政视角下的分析 [J]. 经济与管理, 2007 (1): 5-11.

[178] 项继权. 基本公共服务均等化: 政策目标与制度保障 [J]. 华中师范大学学报 (人文社会科学版), 2008 (1): 2-9.

[179] 肖建华, 刘学之. 有限政府与财政服务均等化 [J]. 中央财经大学学报, 2005 (6): 6-10.

[180] 肖云, 杜毅. 农民工社会保障十大矛盾分析 [J]. 南京社会科学, 2008 (5): 11-18.

[181] 亚当·斯密. 国民财富的性质和原因研究 [M]. 北京: 商务印书馆, 1972.

[182] 杨斌, 汪洋, 殷建华, 马力, 冯玉瑶. 农民工社会保障制度的反思与重构 [J]. 贵州农业科学. 2008 (1): 149-153.

[183] 杨端. 农民工社会保障缺失的原因分析 [J]. 中国劳动. 2004 (6): 15-16.

[184] 杨桂宏. 农民工社会保障缺失的深层原因分析 [J]. 中国农业大学学报 (社会科学版). 2005 (3): 20-24.

[185] 杨河清, 黎煦. 中国劳动经济蓝皮书 (2011) [M]. 北京: 中国劳动社会保障出版社, 2012: 118.

[186] 杨立雄. "进城"还是"回乡"——进城务工农民社会保障政策的路径选择 [J]. 中国社会保障, 2004 (2): 25-26.

[187] 杨宜勇, 辛小柏, 谭永生, 邢伟. 全国统一的社会保险关系转续办法研究 [J]. 中国劳动, 2009 (2): 32-36.

[188] 姚玲珍. 德国社会保障制度 [M]. 上海: 上海人民出版社, 2011: 102-127.

[189] 尹蔚民主编. 谋事之基成事之道——人力资源和社会保障系统调研报告集 (2012) [M]. 北京: 中国人事出版社、中国劳动社会保障出版社, 2013.07: 525-529.

[190] 尹蔚民. 谋事之基成事之道——人力资源和社会保障系统调研报告集 (2012) [M]. 北京: 中国人事出版社、中国劳动社会保障出版

社，2013.07：492-496.

[191] 于海燕. 农民工就业现状、困难及对策——来自南通市通州区892名农民工的调查报告 [J]. 江海纵横，2009 (5)：46-49.

[192] 于雁洁. 农民工就业歧视——问题分析与解决对策 [J]. 商业经济研究，2010 (25)：10-12.

[193] 余红，丁聘聘. 中国农民工考察 [M]. 北京：昆仑出版社，2004：37.

[194] 袁国敏，曹信邦. 就业歧视对农民工社会保障制度构建的影响 [J]. 云南社会科学，2007 (4)：77-80.

[195] 翟振武，段成荣，毕秋灵. 北京市流动人口的最新状况与分析 [J]. 人口研究，2007 (2)：30-40.

[196] 张凤林. 人力资本理论及其应用研究 [M]. 北京：商务印书馆，2006：32-48.

[197] 张桂文. 中国二元经济结构转换的政治经济学分析 [M]. 北京：经济科学出版社，2011：15-17.

[198] 张桂文. 中国二元经济结构转换的政治经济学分析 [M]. 北京：经济科学出版社，2011：95.

[199] 张华初. 非正规就业：发展现状与政策措施 [J]. 管理世界，2002 (11)：57-62.

[200] 张启春. 谈谈进城务工人员的社会保障问题 [J]. 江汉论坛，2003 (4)：117-120.

[201] 郑春荣. 英国社会保障制度 [M]. 上海：上海人民出版社，2012：74-89.

[202] 郑功成. 农民工的权益与社会保障 [J]. 中国党政干部论坛. 2002 (8)：22-24.

[203] 中华人民共和国国家统计局. 2011中国发展报告 [M]. 北京：中国统计出版社，2011：27-29.

[204] 周毕芬，黄和亮和阙春萍 [J]. 江西农业大学学报，2010，9 (4)：19-24.

[205] 周毕芬，阙春萍. 农民工：城市社会保障系统应该覆盖的对象 [J]. 喀什师范学院学报，2004 (5)：12-14.

[206] 周长征. 劳动法原理 [M]. 北京：科学出版社，2004：95.

[207] 周弘. 社会保障制度国际比较 [M]. 北京：中国劳动社会保障出版社，2010：227-253.

[208] 周薇薇. 农民工就业歧视问题分析及对策研究 [J]. 辽宁教育行政学院学报，2009 (9)：12-13.

[209] 周小亮. 劳动力市场城乡歧视及其社会经济效应 [J]. 当代财经，1994 (9)：11-15.

[210] 朱长存，冯敬芝. 农村人力资本的广义外溢性与城乡收入差距 [J]. 中国农村观察，2009 (4)：37-46.

[211] 朱贵云. 中国农民工收入与生活状况研究 [D]. 博士学位论文，吉林大学，2010.

[212] 朱宁洁. 美国劳动经济学研究动向——基于对《劳动经济学期刊》的分析结果 [J]. 经济学动态. 2011 (7)：103-106.

[213] 曹信邦. 农民工流动条件下地区间社会保障利益冲突研究 [A]. 编委会. 建立覆盖城乡的社会保障体系——第二届中国社会保障论坛文集 [C]. 北京：中国劳动社会保障出版社，2007：983-998.

[214] 宗成峰. 城市农民工社会保障问题的实证研究——以对北京市部分城区农民工的调查为例 [J]. 城市问题. 2008 (3)：65-68.